少年读 辛弃疾

高方 著

台海出版社

图书在版编目（CIP）数据

少年读辛弃疾 / 高方著 . -- 北京 : 台海出版社 ，
2025.8. -- ISBN 978-7-5168-4300-0

Ⅰ . K825.6-49

中国国家版本馆 CIP 数据核字第 2025AA7630 号

少年读辛弃疾

著　　者：高　方

责任编辑：王　艳

出版发行：台海出版社

地　　址：北京市东城区景山东街20号　　邮政编码：100009

电　　话：010-64041652（发行，邮购）

传　　真：010-84045799（总编室）

网　　址：www.taimeng.org.cn/thcbs/default.htm

E-mail：thcbs@126.com

经　　销：全国各地新华书店

印　　刷：天津嘉恒印务有限公司

本书如有破损、缺页、装订错误，请与本社联系调换

开　　本	：710 毫米 ×1000 毫米	1/16	
字　　数	：180 千字	印　　张	：15.75
版　　次	：2025 年 8 月第 1 版	印　　次	：2025 年 8 月第 1 次印刷
书　　号	：ISBN 978-7-5168-4300-0		

定　　价：58.00 元

　　辛弃疾（1140—1207年），原字坦夫，后改字幼安，号稼轩，宋高宗绍兴十年五月十一日（1140年5月28日）出生于济南历城〔今山东省济南市历城区遥墙镇四风闸（zhá）村〕。辛弃疾因卓越的文学成就被誉为"词中之龙"，与苏轼合称"苏辛"，与李清照并称"济南二安"。辛弃疾词以其独特的艺术风格被命名为"稼轩体"，同辛弃疾词风相近的词人被称为"辛派词人"。辛弃疾现存词作六百多首，为宋人之冠，有词集《稼轩长短句》等传世。

　　辛弃疾呱（gū）呱坠地时，正是南宋与金两相对峙（zhì）时期，他的出生地济南历城曾是北宋国土，但因十三年前的"靖（jìng）康之变"早已沦为金人占领区。辛弃疾二十二岁在家乡加入抗金义军，二十三岁渡过长江回归南宋并在朝为官，一生主张北伐金人恢复故国，上奏的《美芹十论》《九议》等讨论战守之策的文章被视为军事史上的名篇。辛弃疾辗（zhǎn）转安徽、江西、湖南、湖北、福建、浙江等地，历任滁（chú）州、江陵、潭州、隆兴、绍兴、镇江等州府地方官，因与当政的"主和派"政见不合而屡遭弹劾（tán hé），曾被迫在江西上饶带湖和瓢（piáo）泉一带闲居多年。辛弃疾六十八岁时病逝于家中，数十年后被追赠为少师并赐谥（shì）号"忠敏"。

如果辛弃疾身上只能有一个标签的话，那么一定是"爱国词人"。爱国是他一生的思想底色。

辛弃疾的爱国思想与他所受的家庭教育密不可分。在家庭教育中，父亲对孩子的影响是巨大的，所以《三字经》说："养不教，父之过。"但由于父亲辛文郁早逝，辛弃疾是由祖父辛赞教养长大的。辛弃疾从祖父那里接受最多的，除了诗书教育就是思想教育和人格教育。辛弃疾在《美芹十论》中说自己的祖父："每退食，辄（zhé）引臣辈登高望远，指画山河，思投衅（xìn）而起，以纾（shū）君父所不共戴天之愤。"从辛弃疾饱读诗书、心系社稷（jì）、以百姓为念的一生来看，祖父辛赞对辛弃疾的教育无疑是家庭教育和隔代教育的成功典范。

辛弃疾一生以恢复为志，以功业自诩。面对政治排挤和理想无望，辛弃疾寄情于山水田园与江山胜迹，深婉或是铿锵（kēng qiāng）的词曲中尽是他无比赤诚的内心剖（pōu）白与清醒无奈的自我纾解。但我们不能因为辛弃疾是一位优秀的词人，就忽略他身上的其他特质。

辛弃疾是一位卓有成就的军事家和颇具远见的战略家。无论是他早年带领起义军取得的战绩，还是携五十人深入五万人金营生擒叛将，或是回归南宋后领导的军事活动，都证明了这一点。也正因如此，没能真正走上北伐金人的战场才会成为他终生的遗憾。而辛弃疾发出的"仇虏（lǔ）六十年必亡，虏亡而中国之忧方大"的预言，则得到了宋、金、元三朝历史的证实。

辛弃疾忠君爱国，疾恶如仇，善于破解难题，勇于慷慨（kāng kǎi）直言，乐于仗义疏财，处事雷厉风行，为官政绩斐（fěi）然。但他身上也具有古代知识分子的矛盾性，当"忠君"与"爱民"产生矛盾的时候，他也会烦恼和苦闷。

作为人物传记，本书在以重要人生段落串联起辛弃疾非同寻常的一生的同时，还写到了辛弃疾身边的诸多人物，以亲情、友情、师生情、同窗情、同袍情、同僚情等作为了解辛弃疾的窗口。在张浚（jùn）、虞允文、陆游、朱熹（xī）、陈亮、刘过等南宋政治史、军事史、文化史上格外耀眼的名字中，特别以刘瞻、蔡松年等来明晰其田园词的风格来源，以宗泽、岳飞等抗金名将的事迹展露其豪放词的思想来源。

作为对照人物出现的党怀英在历史上亦实有其人。"辛、党"故事在《宋史》中有明确记载，二人截然不同的人生选择反映了士人在面对重大历史变革时的复杂心态和价值观。易代之际的个人选择并不适用非是即非、非此即彼的二元评价法则，却更能凸显辛弃疾的忠贞与决绝。

本书严格遵循人物传记的书写规则，杜绝虚妄（wàng）的"小说家言"，力求以学术研究的态度再现辛弃疾跌宕（dàng）起伏的一生，尽量还原人物生平，力求使读者能够清晰地感受其成长经历、思想现实和历史影响。本书的内容主要依据《宋史·辛弃疾传》及相关人物的传记、辛弃疾任职州县的地方志书和辛弃疾年谱、词作、历代祭文、辛氏族谱，以及邓广铭、辛更儒等专家学者关于辛弃疾研究的经典学术成果和最新学术成果。

书中在叙写人物生平时涉及了辛弃疾所任的部分官职。中国古代官制十分复杂，对于成年读者尚且存在一定理解难度，对于低龄读者来说难度更大。但为了使读者对辛弃疾的宦途辗转和仕途起伏形成更加明确的认知，还是做了相应保留。

辛弃疾一生三次娶妻，育有九子二女。他的两个女儿，一个嫁给了挚友范如山的儿子范炎，一个嫁给了朱熹的弟子理学家陈骏的儿子陈成父。从女儿婚姻大事的选择上，我们不但可以窥见辛弃疾的情意抉择和思想倾向，而且可以看到他的一片慈父深情。

目 录

一

少年辛弃疾

心怀故国

历城祖孙

公元 1140 年。

宋高宗赵构绍兴十年。

金熙宗完颜亶（dǎn）天眷（juàn）三年。

济南府历城县（今山东济南历城区）一个名叫四风闸的小村里，端午节过后第六日。

太阳刚刚升起，一户人家的院子里突然传出新生儿嘹亮的啼哭声。

一名产婆满脸带笑，推门出来报喜道："恭喜恭喜，吉日吉时，母子平安，母子平安啊！"

院子里，两个满脸喜悦、如释重负的男人，一个是孩子的祖父辛赞，一个是孩子的父亲辛文郁。

安顿好产房里的母子，产婆告辞回家时嘴里还念念有词：

"这孩子出生在卯（mǎo）时，将来莫不是个做官的命？"

卯时是早晨五点到七点，是太阳初升之时，所以又名日出、日始、破晓、旭（xù）日，象征着光明与希望。这个时间也是古代官署开始办公的时间，所以官员到衙（yá）查点人数称"点卯"。

入夜，等妻儿安睡后，辛文郁敲响了父亲辛赞的房门。

辛文郁自幼多病，近来更是无比孱（chán）弱，忙了一天已经无比疲惫。他握手成拳放在咳嗽（ké sòu）不停的嘴边，喘（chuǎn）了好一会儿，郑重地对辛赞说："幸喜辛家有后，请父亲为孩子赐名。"

昏暗的灯光中，坐在书案后的辛赞背脊挺直，这个已经做了祖父的人丝毫不见老态。

略作沉吟之后，辛赞轻轻说道："我辛家本是陇西武将出身，为父平生又最是景仰霍去病，不如就从'去病'之义，为这个孩子起名'弃疾'吧！"

辛赞的话语虽轻，却让辛文郁心中一震。

人人都知霍去病是西汉武帝时的名将，是一个战无不胜的英雄。霍去病十七岁初次征战就率领八百骁（xiāo）骑深入敌境数百里，斩获匈奴两千余人，因勇冠全军而受封为冠军侯。

十九岁时为骠骑（piào qí）将军，大破匈奴直取祁（qí）连山，匈奴为此悲歌："失我祁连山，使我六畜不蕃息。失我焉（yān）支山，使我嫁妇无颜色。"二十二岁时漠北之战，霍去病率骑兵五万人北进匈奴两千多里，歼（jiān）敌七万余人，乘胜追击至狼居胥（xū）山并在此地设坛祭天行封礼以告功成，大捷而归。"封狼居胥"就此成为武将的最高荣耀。二十四岁，霍去病因病去世，汉武帝万分悲伤，不仅诏令他陪葬于自己的陵寝茂陵，还特别将他的坟墓修成祁连山的模样，并调遣边境五郡（jùn）的铁甲军从长安排列到茂陵，为霍去病送葬。

辛文郁喃（nán）喃道："匈奴未灭，何以家为！"

"匈奴未灭，何以家为"就是霍去病的豪壮之语。从"霍去病"到"辛弃疾"，辛文郁十分清楚父亲辛赞对这个刚刚降生的孩子到底寄寓了怎样的期望。

辛文郁一边躬（gōng）身行礼说："谢父亲赐名！弃疾定当不负您之所愿！"一边在心里想，父亲为此子起名"弃疾"，可能还是希望他能健康长大，不似自己这般被一副破败的身子所拖累，文不成，武不就。

辛赞望着辛文郁，沉沉地叹了口气："郁儿，你也别怪父亲心狠，辛家子孙自当有此志向。想我辛家，从来以文武立世，别人家是耕读传家，咱们是书剑传家。十三年前'靖康之变'时，多有人家举族南下，一为躲避战乱，二为追随康王为大宋尽忠。为父我那时中了进士，虽尚未有官身却也想着南下效力。可咱们辛家宗族大、人口多，不但难以集结，也没有足够的家财以供路上花费，犹豫之间金人就到了门前，想走也走不了了，我也只好留下来守护家族。"

辛弃疾出生之时正值中国历史上一段特殊的时期，宋人与金人南北对峙。

对于生活在沦陷区的人民来说，心中的滋味十分难言——他们曾经是宋人，但随着赖以生存的土地被金人占领，他们不得已成了金人。可是，他们曾经是大宋的子民，心里惦（diàn）念的还是曾经的大宋，他们过着金人的日子，心中念着宋朝的年号，年复一年期待着北伐的号角。就像陆游诗中所说的那样："遗民泪尽胡尘里，南望王师又一年。"

辛弃疾出生这一年是金人南下掳（lǔ）走宋徽宗和宋钦（qīn）宗致使北宋灭亡后的第十三年，也是宋徽宗赵佶（jí）第九子、宋钦宗赵桓（huán）异母弟康王赵构建立南宋的第十三年。

这一年，南宋派使臣前往金，想要迎回赵构的生母韦贤妃和五年前去世的宋徽宗的灵枢（jiù）。但他们的愿望直到两年后才得以实现。

这一年，金人撕毁此前的宋金议和盟约，再度集结军队剑指南宋，又一轮宋金战争全面展开。

这一年，岳飞、刘锜（qí）、韩世忠等将领在一系列战役中连败金军。但不久后，被主和派左右的宋高宗赵构竟连发十二道金字牌强召岳飞班师回朝，放弃了大好战局。

这一年，五十八岁的主战派大臣李纲在福州家中含恨离世。李纲与赵鼎、李光、胡铨（quán）合称"南宋四名臣"，曾多次上书陈说抗金大计，却从未被采纳。

这一年，五十七岁的著名女词人易安居士李清照正客居在南宋都城临安（今浙江杭州）。当馥（fù）郁的桂花香扑面而来将她从梦中的故乡济南带回现实时，她写下了"熏透愁人千里梦，却无情"的词句。她不知道，她的故乡济南这一年出生了一个男孩，而这个男孩在若干年后将与她一起并称为"济南二安"。

听到辛赞的感慨，辛文郁小心翼（yì）翼地看了看窗外，悄声说："父亲，我听说金又派人来济南府了，还是要征召您这样有才能的人出去做官。您打算怎么办啊？"

辛赞站起身，一片暗色的影子斜斜地映在他身侧的墙上。

"这十三年来，身在沦陷之地，为父屡见金人对我汉人的逼迫，自然期望官家早日回銮（luán）北上。为父是读书人，从小受忠义之教，若不能守忠义之节，这一生便再难挺直腰背。朝廷北伐之时，也是需要有人作为内应的，我愿背负骂名担此重任。"

辛弃疾在襁褓（qiǎng bǎo）中甜甜地睡着，自然不知道祖父与父亲的这番对话，更不知道有一个重大的使命正等着他去完成。

不久，父亲辛文郁就去世了。教养辛弃疾成为顶天立地真男儿的重担完全落到了祖父辛赞的肩上，祖孙二人自此几乎形影不离。

小孩子没事总喜欢跟着大人问东问西，辛弃疾也不例外。从会说话开始，他就总是抚着祖父的双膝（xī）问来问去。

"祖父，祖父，邻居们有姓王的，有姓李的，为什么我们姓辛啊？"

"那是因为咱们祖上姓辛啊！"辛赞把辛弃疾拎起来，放在院中的磨盘上，说道，"虽然后辈不该随便称呼祖先的名讳（huì），但我还是得给你讲讲咱们辛家的故事。五百多年前啊，

少年读辛弃疾

咱们家住在陇西康乐，那是一个离历城很远很远的地方。老祖宗辛公义，在北周的时候就被皇帝召到露门学去讲学。这个露门学，是专门教皇太子和贵族子弟的学校。老祖宗后来在隋（suí）朝做官，因为勤政爱民，被老百姓称为'慈母'。"

"可是我们老祖宗是男的啊！"辛弃疾满是疑惑。

辛赞笑着说道："所以啊，更能看出他对百姓的慈爱。"

"那咱们家怎么又住到济南府来了？"这是典型的小孩子的连环问。

"这就得说说我曾祖父了。老祖宗辛公义生了好几个儿子，其中一个叫辛亮，传到第十八代就是我曾祖父辛维叶，我曾祖父曾经做过大理评事，是个主管判案的官员，就是他带着一家人从陇西迁到了历城。我祖父叫辛师古，做过儒林郎，是个小官，也是个文官，但咱们辛家文武传家的习惯一直没丢。我父亲，就是你曾祖父辛寂是滨（bīn）州司户参军。虽然一直在做官，但咱家人做的都是八九品的芝麻官。"

"我长大也要做官！做大官！"辛弃疾并不知道什么是做官，但不妨碍举起自己肉嘟嘟的小手。

辛赞看着他笑道："那你记着，咱们辛家人做官，不求闻达显贵，只求为百姓多做实事。"

小辛弃疾不是很懂，却也很乖（guāi）巧地点头应和。

一转头，辛弃疾又开始问："祖父，祖父，那您常说的济南又是怎么回事啊？"

辛弃疾好奇地抬起头望着祖父，祖父低下头爱怜地摸了摸他的头。

"说起这济南啊，就得说说济水这条河了。以前，人们把有独立源头又能汇入大海的河流称为'渎（dú）'。在一部叫《尔雅》的书里就说，我们中华大地有四条这样的河流，分别是西渎黄河、南渎长江、东渎淮河和北渎济水。济水之南，就是济南，咱们现在住的历城就在济南。"

"祖父，祖父，那我们住的地方为什么叫历城啊？"

辛赞无奈地摇摇头，"你的问题可真多！我们现在住的地方叫历城，是因为城边有座山叫历山。早在战国的时候，这山就叫历山，山下的城就叫历下邑（yì）。历山下的城邑，不就是历城嘛！"

"我听祖父说过，舜（shùn）帝在历山耕过田。"辛弃疾眼睛亮亮的。

"对啊，所以这历山又叫舜山，也叫舜耕山。到了隋朝，也就是八百多年前，那会儿信佛的人很多，人们就在这山壁上雕刻了几千尊大大小小的佛像，所以这山又叫千佛山。有关历城最早的文字，应该是《诗经》里那首叫作《大东》的诗，那时候咱们这儿是谭国……"

辛赞知道辛弃疾还太小，未必听得懂、记得住，但他很怕自己没有足够的时间教他。辛弃疾听得似懂非懂，看起来有些昏昏欲睡。辛赞把他抱起来放到屋里的床上。

金人或是金人的使臣不到村里来的时候，乡村生活也还有几分宁静。

辛赞在书房里读书，辛弃疾满眼羡慕，就窝在旁边跟着念。辛赞不时教他背两句诗，再慢慢地讲给他听。

辛赞在院子里练剑，辛弃疾就大声叫："祖父，祖父，我也要。"

辛赞削了一把小木剑给他，辛弃疾学着祖父的样子挥来舞去，跌倒了就爬起来，一点儿也不娇气。

辛弃疾对辛赞说："祖父，祖父，人家都有爹爹陪着一起玩儿，为什么我没有？"

辛赞说："你爹爹去了很远的地方，不能陪你一起玩儿，但你的身边有祖父啊！"

辛弃疾想了想，觉得也对，就又跑到院子里挥舞起了自己的小木剑。

慷慨犹记《满江红》

寒来暑往，小辛弃疾虽然还未具少年风姿，却已经长成了村里的"孩子王"。

孩子们服气他有两个原因：一是他跟随祖父读书能背出他们不会的"子曰""诗云"，还能把道理讲得头头是道，小伙伴们闹了意见只要他来调停，都能讲得透、说得通；二是他能把木剑舞得密不透风，让人眼花缭（liáo）乱，还能把好几套拳打出虎虎生风的气势，却从不欺负人。

辛弃疾慢慢长大，他的木剑也在慢慢长大。但他并不满足，他曾无数次向祖父讨要一把真正的剑。祖父却总说"你还小"，生怕他伤着自己，伤着别人。

因为心中的信念，辛赞从不娇惯辛弃疾，辛弃疾也从小就跟随祖父登高山、走远路。

青山绵绵窈（yǎo），云海莽（mǎng）莽深。

泰山之巅，一老一小。

辛赞一手拉着辛弃疾，一手指向远方，说："孔子'登东山而小鲁，登泰山而小天下'。唐代杜甫'会当凌绝顶，一览众山小'。如今身在这泰山之巅，四望便是我齐鲁之地的大好河山。只可惜金人铁蹄南下践我山河，害我百姓。待有机会，我等宋人一定要报此不共戴天之仇。"

辛弃疾立刻说道："我知道，他们是坏人。前些天金兵还进村打劫（jié），让整个村子都很害怕。李奶奶藏起了她家的老母鸡，张婶子把她闺女春花姐也藏进了柴火垛（duò）。"

辛弃疾的话虽是童言童语，却也让辛赞倍感欣慰。

从泰山回到家里，小辛弃疾练武更加勤奋了。

这天一早，太阳初升，辛弃疾从床上一骨碌（gū lu）爬起来，到院子里扎了一会儿马步，又打了一套拳。这是祖父给他安排的每日功课。

当他满头大汗地跑进堂屋时，母亲孙氏正好端着一碗面从厨房出来，煮好的面条上还卧着一个荷包蛋。

看着饭桌上自己面前的面条和其他人面前的馒头，辛弃疾有些摸不着头脑。平时一家人吃的都是一样的饭食。

祖父辛赞拿起筷（kuài）子，扫视了一下全场。

祖母慈爱地说："疾儿，快吃吧，今天是你的生辰。"

辛弃疾满眼喜悦，从座位上站起身一边郑重行礼，一边说：

"孙儿谢祖父、祖母教诲之恩，谢母亲养育之恩！"

大家都笑着说："不用，不用，祝疾儿文武双全、长命百岁！"

孙氏笑道："父亲、母亲，这是今年刚收的新麦，我只在灶边烤干了一点点，今天磨来尝尝。"

辛赞点点头，转向辛弃疾道："快吃吧，吃完祖父还要考考你背的书。"

辛弃疾心跳了一下，赶忙低头吃面。他自幼聪慧，学习也还刻苦，但依然不免被祖父揪（jiū）出错处。祖父可是中过进士的人啊，教他这个孩童自是绰（chuò）绰有余。

辛赞书房里，辛弃疾站在父亲辛文郁曾经站过的地方。

辛赞看着才比书案高不了多少的孙儿，缓缓说道："刚才你母亲说咱们今天吃的是今年的新麦，那就把祖父教你的关于麦子的诗背一首来。"

辛弃疾略想了想，就背起了白居易的《观刈（yì）麦》。

田家少闲月，五月人倍忙。

夜来南风起，小麦覆（fù）陇黄。

妇姑荷（hè）箪（dān）食，童稚（zhì）携壶（hú）浆，相随饷（xiǎng）田去，丁壮在南冈（gāng）。

足蒸暑土气，背灼（zhuó）炎天光，

力尽不知热，但惜夏日长。

复有贫妇人，抱子在其旁，

右手秉遗穗（suì），左臂悬敝筐。

听其相顾言，闻者为悲伤。

家田输税尽，拾此充饥肠。

今我何功德，曾不事农桑。

吏禄三百石，岁晏（yàn）有余粮。

念此私自愧，尽日不能忘。

辛赞点了点头，道："倒是一字不差。只是，为什么会想起这一首？"

辛弃疾说："孙儿生辰是五月十一，前阵子我和小伙伴一起去田间给收麦的叔叔伯伯送过水。虽然我们只是捡些麦秸（jiē），编小猫小狗玩儿，但也知道收麦的辛苦，您也给我讲过农民的不易。"稍微停顿了一下，他又补充道，"尤其是这乱世之中百姓的不易。"

辛赞看着辛弃疾，语重心长地说："到今天你就满七周岁了。自三岁开蒙，这些年祖父也零零碎碎地教了你一些儒家的经典和诗词歌赋，挑几句你最喜欢的背给祖父听听。"

辛赞一边吩咐一边走到案后，开始提笔练字。

辛弃疾很听话地开始背。

"士不可以不弘毅，任重而道远。"这是《论语·泰伯》里的话，意思是读书人不可以不宏大刚强而有毅力，因为责任重大且道路遥远。

"舜发于畎（quǎn）亩之中，傅说（yuè）举于版筑之间，胶鬲（gé）举于鱼盐之中，管夷吾举于士，孙叔敖举于海，百里奚（xī）举于市。故天将降大任于是人也，必先苦其心志，劳其筋骨，饿其体肤，空乏其身，行拂乱其所为，所以动心忍性，曾（增）益其所不能。人恒过，然后能改；困于心，衡于虑，而后作；征于色，发于声，而后喻。入则无法家拂士，出则无敌国外患者，国恒亡。然后知生于忧患，而死于安乐也。"这是《孟子·告子下》里的话，是说人须经磨难方能成长，且需长怀忧患之思，不可溺于安乐。

"大学之道，在明明德，在亲民，在止于至善。知止而后有定，定而后能静，静而后能安，安而后能虑，虑而后能得。物有本末，事有终始。知所先后，则近道矣（yǐ）。"这是《礼记·大学》里的话，讲的是治国安邦要以仁善为本。

"先天下之忧而忧，后天下之乐而乐。"这是范仲淹《岳阳楼记》中的点题之句，意思是做人要以天下为己任，要有忘我的精神。

"满江红——"

当辛弃疾清朗的童音不疾不徐地念出这三个字时，辛赞不觉停住了笔。

《满江红》是一个词牌，多位前代词人写过《满江红》，辛赞想知道孙儿要背的是不是他以为的那一首。

怒发冲冠，凭栏处、潇潇雨歇。抬望眼，仰天长啸，壮怀激烈。三十功名尘与土，八千里路云和月。莫等闲，白了少年头，空悲切！

靖康耻，犹未雪。臣子恨，何时灭！驾长车，踏破贺兰山缺。壮志饥餐胡虏肉，笑谈渴饮匈奴血。待从头、收拾旧山河，朝天阙（què）。

是的，辛弃疾背出的就是辛赞以为的那一首，是岳飞的《满江红》。

已经年过半百的辛赞不觉湿了眼眶，为岳飞的雄心与愤慨，为孙儿的有心有志，也为自己的人生憾恨。

"岳飞的词啊！你喜欢他的词，可了解他的人？"辛赞意有所指地问。

"我知道！他是一代名将，我出生的那一年，他打了一个又一个胜仗。可是后来，他死在了奸臣秦桧手里。岳将军死的时候，我才两岁。"

辛弃疾顿了顿，看了看辛赞，又说："祖父，您忘了，您给我讲过他的故事。您说岳飞出生在相州的汤阴（今河南安阳汤阴县），是个普通的农家子弟。因为他出生时有一只大鸟从他家房顶上鸣叫着飞过，所以他父母给他起名岳飞，字鹏举。您还说他小时候性格内敛（liǎn），不太爱说话，不像我总是吵个没完。您说岳飞天生神力，能拉三百斤的硬弓，还喜欢读《左氏春秋》和各家兵法。他先拜周同为师学习骑射，能左右开弓，后拜陈广为师学习刀枪，武艺号称一县无敌手。"

辛赞点了点头，说："嗯，记得还算清楚。你能说说为什么喜欢这首《满江红》吗？"

"祖父您跟我说过，岳飞是一个大英雄，他英勇抗金，矢（shǐ）志不渝（yú），他训练的岳家军作战勇敢，纪律严明，打了很多胜仗。您给我讲过，我出生那年的郾（yǎn）城之战，岳将军派步兵持麻扎刀对付金人的重骑兵，专砍马腿，大破'铁浮屠（tú，又称铁浮图）'和'拐子马'，让金人吃了大败仗，也让宋军士气大振。"辛弃疾眼睛亮晶晶的，一副与有荣焉的样子。

"那你能说说什么是'铁浮屠'和'拐子马'吗？"

辛弃疾略带不满地说："祖父您又考我，我记得可清楚了。'浮屠'在佛家语里是塔的意思，'铁浮屠'就是铁塔，指的是金人的重装骑兵。'铁浮屠'人和马身上都披着铠（kǎi）甲，那铠甲又厚又重，说是刀枪不入也不过分。当然，每一套都值很多钱。这'铁浮屠'每三匹马为一组，用皮索相连，像一堵墙一样，在战场上主要负责正面推进，冲击对方的军阵。'拐子马'是金人的轻装骑兵，速度快，灵活性好，负责配合'铁浮屠'从两翼包抄。金人原本靠着这两种骑兵的组合所向无敌，但岳将军训练士兵用长柄的麻扎刀砍马腿，只要一个马腿被砍断，同组的三匹马都会倒下。岳将军在郾城之战大败金军后，麻扎刀就成了宋军的常备武器。"

"嗯，是这样的。"

"可是，官家是怎么想的呢？"（宋朝称皇帝为"官家"）小辛弃疾很是不解地看着祖父，"岳将军本来连打胜仗，官家怎么能连发十二道金字牌非要让岳将军班师回朝呢？还有，没证据怎么就能定岳将军的罪呢？"

辛赞长叹一声，没有言语。

当年岳飞被十二道金字牌追着班师回朝后，秦桧等人诬（wū）陷他谋反，之后就以这一罪名被杀害了。同为抗金将领的韩世忠心中不平，去质问秦桧，跟他要证据，结果秦桧回答说"莫须有"。"莫须有"的意思就是"也许有"。

辛赞揽（lǎn）过辛弃疾，说："当初，官家的生母韦太后从金返回大宋，问身边人为什么不见岳将军，听说岳将军已经被害死了，韦太后气得想要出家。后来韦太后虽然没有出家，却发誓要终身着道服。岳将军文武双全，不只有一首《满江红》，祖父今天再教你背一首岳将军的《小重山》。"

昨夜寒蛩（qióng）不住鸣。惊回千里梦，已三更。起来独自绕阶行。人悄悄，帘外月胧明。

白首为功名。旧山松竹老，阻归程。欲将心事付瑶（yáo）琴。知音少，弦断有谁听？

辛赞讲得耐心，辛弃疾听得仔细。

"祖父，恢复故国，我能做点什么？"辛弃疾突然无比认真地问。

"你啊，你能做的事情有很多。现在你能做的就是勤读书、勤习武，将来有你大展拳脚的时候。祖父与你说的这些事在心里默默记着就行，切不可与外人道。"

骠骑将军

中国古代武将官职，始置于汉武帝元狩二年（前121年）。位同三公，拥有金印紫绶，是汉代高级武将的官职之一。首位骠骑将军是霍去病，他因六次出征塞外、大败匈奴、收复河西走廊等赫赫战功而被授予此职。东汉以后，各代沿置，有时加"大"字，称"骠骑大将军"。

失我祁连山，使我六畜不蕃息。

失我焉支山，使我嫁妇无颜色。

出自古代民歌《匈奴歌》，意思是失去了祁连山，我们失去了良好的牧场，牲畜不能繁殖。失去了焉支山，我们的妇女们因过着穷苦的日子而容颜憔悴。

六畜：即古代六种常见的家畜马、牛、羊、鸡、犬（狗）、豕（猪）。蕃息：滋生、繁殖。

封狼居胥

"封狼居胥"是一个成语。典故源自西汉大将霍去病。汉武帝元狩四年（前119年），在漠北之战中霍去病大胜匈奴，随后在狼居胥山祭天封礼，以此彰显汉朝的强盛，祭奠阵亡的将士。后来这一成语被用来形容英雄人物的英勇事迹和卓越功勋。

遗民泪尽胡尘里，
南望王师又一年。

出自宋代诗人陆游的《秋夜将晓出篱门迎凉有感二首·其二》，意思是中原人民在金人的压迫下，生活悲惨，眼泪已经流尽。他们盼望着天子的军队北伐收复失地，等了一年又一年。

遗民：在金人占领区生活的汉族人民。胡尘：指金人的铁蹄践踏扬起的尘土。王师：天子的军队，这里指宋朝的军队。

名讳

指长辈和尊者的名字。在古代中国，人们出于尊重和避讳，不直接称呼或书写长辈和尊者的名字，而是采用改字、改音、减少字的笔画等方法予以回避。

登东山而小鲁，登泰山而小天下。

出自《孟子·尽心上》，意思是（孔子）登上东山后，觉得鲁国变小了，登上泰山后，觉得天下都变小了。多用以形容一个人站在高处，视野变得开阔，那么心境也会发生变化。

东山：指蒙山，在今山东蒙阴之南。泰山：在今山东泰安，被誉为"五岳之首"，以其雄伟壮丽著称。

江山游历

就学谯县

马车穿过谯（qiáo）县的大街时，辛弃疾一直透过车厢的小窗看外面的景象。

酒楼、茶楼，布庄、绸缎庄，糕饼铺、杂货铺，挑着担子的男子，挽着篮子的女子，还有坐在父亲肩上举着拨浪鼓的小娃娃……

匆忙或闲适的行人，都没有注意到身边驶过的马车和马车上瞪着好奇双眼的小男孩。谯县隶属亳（bó）州，是亳州的州府所在地，向来繁华，马车自然也不少见。

辛赞坐在辛弃疾的身侧，也不时透过窗子看一眼街景，心中一片喟（kuì）叹。他终究还是没能躲开金廷的频频征召，被迫出仕了。此刻就是前来赴任谯县县令之职。

辛弃疾曾问过祖父为什么同意出来做金朝的官。

面对孙儿那双纯真澄（chéng）澈的眼睛，辛赞明白他为什么会有此一问。因为自己一直教导孙儿："虽然我们生活在金人统治的土地上，但我们是宋人，要做对宋朝有利的事。"

听到孙儿提出的问题时，辛赞一直盯着墙上的一幅山水画。

许久之后，他才说："有舍方能有所得。你就当祖父是为了尽可能地保护辛家的族人和金人治下的宋人吧！"

辛弃疾在南渡后进献给宋孝宗的《美芹十论》中说："大父臣赞，以族众拙（zhuō）于脱身，被污虏官，留京师，历宿亳，涉沂（yí）海，非其志也。每退食，辄引臣辈登高望远，指画山河，思投衅而起，以纾君父所不共戴天之愤。"意思是自己的祖父辛赞因为家族拖累而留在金，虽然在多个地方做过金朝的官员，但都不是出于自己的主观意愿，每每从官署回到家里都会带着儿孙勘（kān）察地形，想的都是寻找机会光复故国，以报和金人的不共戴天之仇。

马车缓缓停在谯县县衙的门前。

望着县衙正门上高大的匾（biǎn）额，辛弃疾说："祖父，以后我们就要住在这里了吗？"

辛赞轻轻"嗯"了一声，对车夫说："去侧门。"金朝规定县令不许另外置办宅院，家眷必须住在县衙的后宅。

自这天之后，辛弃疾经常能够见到祖父手下的县尉、师爷和衙役，有时还会偷偷去听祖父断案。

辛弃疾在读书习武之余听到了更多百姓疾苦，他知道的事情越来越多，心底的疑问也越来越多。

将家人安顿下来，手里的政务也整理得差不多时，辛赞谋划起了一件大事，一件关于孙儿成长的大事。

从前住在历城四风闸村的时候，辛赞可以亲自教导辛弃疾，为他开蒙，带他念诗，给他讲各种故事和道理。可如今做了官，他没有那么多空闲的时间，而辛弃疾也到了该进学堂的年纪。

辛赞借着考察民情的时机询问了谯县当地的官吏和乡绅（shēn），几经考量之后，为辛弃疾选择了亳州名士刘瞻创办的书院。

刘瞻，字岩老，号樱宁居士，为人正直，学问极好。他不仅是谯县名士亦是亳州名士，开办的书院更是声名在外，有不少亳州之外的学子都慕名前来求学。

辛赞给辛弃疾的理由是："祖父公务繁忙，你也长大了，不能天天跟在祖父身边。祖父送你去书院，跟先生读书吧！"

刘瞻与辛赞互称对方为"辛大人"和"刘先生"，说起仕宦金朝，两个人都有些沉默。时势之下，有些话没法说得十分清楚。

刘瞻是名士，名士自然有名士风流和名士气度，表现在待人接物上，就是有自己的坚持，不同于流俗。

面对辛赞送孙儿读书的请求，刘瞻未置可否，转向辛弃疾，认真地打量着这个不足十岁的孩子。县令的孙儿又如何，不能让他满意也是断不会收的。

刘瞻向辛弃疾提了几个问题，看似随意，却暗含考校。

然后，他叫小厮（sī）："去喊怀英来，让这个娃儿与他同住。"

就这样，在刘瞻的书房，辛弃疾第一次见到了少年党怀英。

从刘瞻的书房告退，二人序齿（按年龄大小排序），辛弃疾抱拳施礼道："党兄长弃疾六岁，自然是您为兄我为弟，日后还请兄长多多赐教。"才八九岁的辛弃疾已经有了小大人的模样。

党怀英忙说："不敢，不敢！"

说了自己随祖父从历城一路来到谯县的经历，辛弃疾顺口问道："不知党兄自何处而来？"

党怀英笑道："这不巧了嘛，我与辛兄同居齐鲁之地，我自泰山脚下奉符（今山东泰安）而来。"

听说与自己算是同乡，辛弃疾倍感亲切，说道："兄可是同我一样生长于斯？"

党怀英想了想说："倒也算是生于斯长于斯。当初家父宦游为官，我就出生在奉符。后来家父病逝，家母因家贫无力归乡，就带我兄弟几人一直居于奉符。"党怀英的父亲党纯睦曾任泰安军录事参军。

辛弃疾听到此话，先是道歉："小弟失礼了！"

作为习武世家，辛赞经常给辛弃疾讲历代武将的故事。党怀英的祖先党进是北宋初期名将，曾领节度使之职，早年更是两次打败有"杨无敌"之称的杨业。杨业就是后世流传甚广的"杨家将"故事中的老令公杨继业的原型。

一番交谈下来，辛弃疾与党怀英深觉意气相投。

也许因为是同乡，也许因为都聪颖好学，算不上年龄相仿的辛弃疾与党怀英成了书院里的一对好友。那时没有人能够想到，后来他们成了刘瞻门下最得意的弟子，一时并称"辛党"；更没有人能够想到，他们的人生最终走向了两个完全不同的方向——辛弃疾渡江回归南宋，党怀英则一步步成为金朝重臣和文坛领袖。

刘瞻很喜欢看自己的学生在书院里玩闹，也喜欢带他们一起去春天的河边和秋天的山野，总是在课上课下将自己的所学所思讲给他们听。

"诸位学子来谯地读书，需先知我谯地的历史。当初周武王定天下，将这里作为神农氏后裔（yì）的封地，叫作焦国。春秋时，楚国灭陈国后顺势占领了焦国，将此地改称谯。谯地所出名人不少，三国时的曹操就是谯人，此人文武双全，横槊（shuò）赋诗传为一时佳话。谯地扼汴（biàn）、宋之颈，抚颍、寿之背，为南北方之分界，乃是兵家必争之地。曹操与曹丕（pī）父子南征孙权之时，大多会在谯地整兵，观望形势。今宋人不得北上，也因为谯地在金人之手。"刘瞻所说的汴、宋指的是开封、商丘一带，颍、寿指的是河南中东部和安徽中北部，谯地对这些地方都有重要的军事意义。

"读书人须得观山看水，方能胸有丘壑（hè）。蒙城有庄子之祠（cí），涡（guō）阳有嵇（jī）康之墓，同在亳州且距我谯地不远，诸生可一往观之。

"庄姓有两大源头，皆出于春秋之世。一者出自芈（mǐ）姓，是楚庄王芈旅之后，以其谥号为姓；一者出自子姓，是宋戴公之后，宋戴公名子撝（huī），字武庄，后代以其字为姓，庄子即宋戴公的后人。宋神宗时，蒙城县令王兢（jīng）创建了庄子祠，并请苏轼专门为此事写了一篇《庄子祠堂记》。东坡先生第一句话就说：'庄子，蒙人也，尝为蒙漆园吏。没千余岁，而蒙未有祀（sì）之者。县令秘书丞王兢始作祠堂，求文以为记。'司马迁的《史记》说：'庄子者，蒙人也，名周。'世人多说蒙邑在商丘，《汉书·地理志》又说在山东曹县，咱亳州人代代相传，这'蒙'就是蒙城。

"嵇康这个人啊，生在三国时期，是'竹林七贤'里和阮籍（jí）齐名的人物。此人博览群书，才华出众，容貌也出众。《世说新语》中说他身长七尺八寸，风姿特秀。山涛说：'嵇叔夜之为人也，岩岩若孤松之独立；其醉也，傀（guī）俄若玉山之将崩。'他那一手琴曲《广陵散》，更是弹得出神入化。只可惜，因为不肯与司马氏合作，虽有三千太学生集体请愿，仍未能免于被屠戮（lù）。可惜啊可惜……"

刘瞻闲时喜欢作诗，也喜欢教学生作诗。他的诗多写田园的纯朴闲适，亦有隐逸情怀。辛弃疾、党怀英这些学生也喜欢读老师的诗，比如"银河淡淡泻秋光，缺月梢（shāo）梢挂晚凉。马上西风吹梦断，隔林烟火路苍茫"，比如"桑芽粒粒破春青，小叶迎风未展成。寒食归宁红袖女，外家纸上看蚕生"，再比如"倾欹（qī）石片插涟漪（lián yī），上有萧萧杨柳枝。藻荇（xìng）半浮苔半湿，浣（huàn）纱人去不多时"，等等。

后人说党怀英"诗似陶谢"。陶是陶渊明，谢是谢灵运，一个是中国田园诗的开创者，一个是中国山水诗第一人。而党怀英与陶、谢之间的桥梁，想必就是刘瞻。

对辛弃疾而言，与爱国词一道成就了他在文学史上独特地位的田园词，无论是从题材选择还是创作风格上，都离不开早年在老师刘瞻那里所受的重要影响。

深入燕山

"乡试榜出了！"

"乡试榜出了，快去看榜啊！"

县衙前的榜单下挤满了人，有这一年的考生、过去的考生，还有未来的考生，有谁家的亲戚、谁家的小厮，还有好奇的路人。识字的急着挤到前边自己看，不识字的急着在外围听人说。然后就有人兴高采烈、大呼小叫着出来，有人垂头丧气悄（qiǎo）然离开。

乡试是在秋天举行的，所以又叫"秋闱（wéi）"。而此刻人们的心情也和秋天一样，在幸福者的眼中是硕（shuò）果累累收获的喜悦，在失意者的眼中是秋风瑟瑟破败的伤感。

此时是宋绍兴二十三年、金贞元元年（1153 年），十四岁的辛弃疾榜上有名。

这个年龄在一众考生里虽然不是最小的，但取得的成绩却是很难得的。

消息传回书院，许多同学都向辛弃疾表示祝贺，也流露出羡慕之情。

刘瞻当然更加高兴，一脸慈爱地看着自己的这个学生，一直说："孺（rú）子可教，孺子可教啊！"

三年前，刘瞻也参加了金朝的科举考试并中了进士。这当然不是他第一次进考场，因为他考的是会试。

金朝科举考试的形式和名称与其他朝代略有不同，最初分为三级，分别是乡试、府试和会试。这三级考试大致相当于我们今天所说的县级考试、省级考试和全国考试，考中的人分别被称为秀才、举人和进士。刘瞻参加会试的前一年，也就是金海陵王完颜亮执政的天德二年（1150 年），又增加了第四级御试，也就是由皇帝在金殿之上亲自主持的考试，所以也叫殿试。殿试结束后钦点前三名：状元、榜眼和探花。金朝的进士没有等候选用的"守选"制度，及第后可以立即授予官职。但刘瞻还是在书院里继续执教了一段时间，才出任史馆编修，负责修撰（zhuàn）国史。

关于是否参加金朝的科举考试，辛赞是和辛弃疾认真讨论过的。虽然辛弃疾只有十几岁，但辛赞并没有把他当成一个孩子。甚至在辛弃疾更小的时候，辛赞也把他当作一个能够平等对话的人。

自从隋唐时期确立了科举制度之后，科举就成了选拔官员的一种重要制度，也是无数读书人入仕的必由之路。辛赞祖孙两个经过反复讨论，最后得出的结论是：要想如辛赞预设的那般更好地为光复故国做准备，参加科举考试对辛弃疾来说是一条捷径。如果能够做官，就可以培养自己的势力，然后在合适的时候，带着人、财、物和城池、土地回归宋朝，或是建立攻打金人的据点。

第二年春天，辛弃疾打点行装，带着家人的期望和嘱（zhǔ）托，准备前往中都燕京（今北京）参加府试。

在整理书籍、收拾行囊（náng）的过程中，辛弃疾的脑海中总是回响着老师刘瞻说过的话。

"古人讲，读书为修身、齐家、治国、平天下，如今我辈亦当如是。读书明理，使人知是非善恶，上报社稷，下安黎民。"

"学以正身。为师不求你们人人都参加科举，出人头地，但求大家都做个好人。"

"准备参加科举的人，不准有歪心思，不能作弊，还要注意保护好自己的试卷。天眷二年（1139 年）就有个应词赋科的考生张景仁，虽然所作之赋极为出色，但被邻座之人剽（piāo）窃，就一起被取消了考试成绩，直到再赴会试方登进士第。不得不引以为戒啊！"天眷二年是辛弃疾出生的前一年，而会试三年一次，这一误就是三年。

出发前夜，辛赞对辛弃疾说："第一次出远门，你随我属下去中都汇报工作的官吏一起走，路上也好有个照应。你才十五岁，考中考不中都不重要，且看看路上的风土人情，了解些民生疾苦。"

辛弃疾点头称是。

"燕云十六州，是我大宋的天然屏障。当初是辽人夺了去，金灭辽，这土地又归了金，但它终归是我大宋要拿回来的国土。你既去了燕京，就多去城外走走。"辛赞看了看窗外，又压低了声音说，"若有一日直捣黄龙，一雪前耻，那里也是大军的必经之地。"

辛弃疾眼神闪了闪，说："祖父，我懂了！我会带上纸笔，寻机进入燕山。进入燕山，我就是一个没见过世面的少年，只想饱览燕赵大地的盛景，只想追慕李白、杜甫、高适的漫游风采。"

"嗯，画好的图，千万要藏好。"辛赞嘱咐道。

"我会的，祖父。实在不行，我就把它藏在这儿！"辛弃疾调皮地指了指自己的脑袋。

去往燕京的路上，辛弃疾见到了许多汉人被欺负的场景，那些道听途说的民族压迫越发真切地呈现在眼前。

有好几次，辛弃疾都想跳下车去说句公道话，可是同行的小吏制止了他："小少爷，我们这一路上，千万不能生事。要是出了什么事，不但你考不成试，回去也没法向辛大人交代。再说了，这些事，天天都有，你管不过来的。"

辛弃疾只好咬咬牙，坐回去。他想让自己快点长大。长大能干什么呢？他还不是特别明确。只是希望快点长大。长大了，总可以做更多的事吧！

辛弃疾在日复一日的等待中终于迎来了考试的日子。

府试考场设在专门的考试院，考试院很像后代的贡院，是围墙隔起来、有士兵把守的一片建筑。

考场外，考生们排起了一眼望不到头的队伍，等待搜阅官的检查。搜阅官是专门负责检查考生是否挟带作弊工具或是其他违反考试规定物品的，不但搜检考生所携带的物品，还要搜身，检查得十分仔细。

辛弃疾也在队伍之中。搜检进行得很慢，他随着队伍缓缓前行。不时看一眼前方，再看一眼队伍旁边每隔一段距离就站着的威严的士兵。抬起头，还可以看到考场中间的一座高楼，四根柱子上都系着彩带和彩幡（fān），据说主考官登上高楼就可以看到整个考场的情况。

一连数日的考试，令每个考生都无比疲惫，但走出考场的辛弃疾还是以游玩的名义独自进入了燕山腹地。

是的，这个身负使命的十五岁少年独自进入了燕山腹地。

站在燕山主峰之上，远处峰峦（luán）的曲线映入眼帘。

辛弃疾目光炯（jiǒng）炯，衣衫猎猎，拂面的已不是山脚下和煦（xù）的春风，一时间涌起"荡胸生层云"之感，与他从前站在泰山之巅相比，又是另外一种感觉。

"燕赵多慷慨悲歌之士，齐鲁多行侠仗义之人"，这句古话是对两个不同地区人文特色的生动描绘。来自齐鲁之地的辛弃疾在眺（tiào）望与俯视之间，想起了战国时的赵人廉颇和从燕国出发的刺客荆轲（kē）。

廉颇是中国古代名将，关于他有许多典故存世。北宋史学家司马光说："廉颇一身用与不用，实为赵国存亡所系。"辛弃疾也曾在晚年所作《永遇乐·京口北固亭怀古》中以廉颇自比："凭谁问，廉颇老矣，尚能饭否？"

荆轲为报燕国太子丹的知遇之恩，主动请求赴秦刺杀残暴的秦王。"风萧萧**兮**（xī）易水寒，壮士一去兮不复还"，他于临行之际所唱的的确是一曲忘我的慷慨悲歌，是"士为知己者死"的真实写照。

辛弃疾走到悬崖边上，背**倚**（yǐ）一棵古松，取出纸笔。他时而望向东方，时而望向西方，时而坐下细细描摹，时而起身勾勾画画。直至日光渐渐**晦**（huì）暗，他才匆匆收起纸笔，小心翼翼地下山去。

辛赞一直想把辛弃疾培养成一个"文能提笔安天下，武能上马定**乾坤**（qián kūn）"的人，除了亲自教他读书和为他延请名师之外，还经常带领辛弃疾深入郊野、登高而望，为他讲解军事战略，教他如何勘察地势、绘制地形图。辛弃疾所画，不是画家笔下江山如此多娇的雄伟壮丽，而是军事家笔下沟壑纵横的**蜿蜒**（wān yán）曲折。

当辛弃疾和辛赞每日对着辛弃疾亲手绘制的燕山地形图仔细研究时，府试的结果传来：辛弃疾落榜了。

对于这个结果，辛赞和辛弃疾都没有多在意。大不了下次再考嘛，反正就算考上了，汉人授官也会受到歧（qí）视，比不得女真进士那般受重视。

府试是三年一次。

三年后，十八岁的辛弃疾再赴燕京，临行时他再度将纸笔放入行囊——考不考得中都不重要，他要做的是再赴燕山，登顶眺望，尽可能把上次没有画完整的地方清晰地补齐。

辛弃疾还带着祖父的名帖拜访了金朝著名诗人蔡松年，并得到了他的指点。蔡松年，字伯坚，诗词风格隽（juàn）爽清丽，虽官至金朝右丞相，却喜欢寄情山水，时常流露出归隐的想法。

府试放榜时，辛弃疾再一次榜上无名。

但并没有影响辛弃疾生出更多关于未来的设想。

他很想在冬天再进一次燕山，他想在凛冽（lǐn liè）的寒风中真切地体会一下李白笔下"燕山雪花大如席"的感觉。

此时的他觉得自己是有机会的。

此时的他不知道，这个看似简单的愿望竟一生都没有实现。

南游开封府

开封城外，身负行囊的青衫少年停住脚步，仰起头望向高高的城墙。

辛弃疾心情复杂地看向前方：这就是有着近两千年历史的开封城吗？这就是金朝的"南京开封府"，也是宋朝的"东京汴梁城"吗？

辛弃疾缓步进城，一路打听着，向府衙而去。

辛赞在经历多地的宦途辗转后升任了开封知府。开封府治下有好几个县城，辛赞年纪渐长，事务却愈发繁忙。辛弃疾也由此开始了时而在历城陪伴家人，时而在开封陪伴祖父的日子。

开封城始建于春秋时期，郑国国君郑庄公在今开封市西朱仙镇附近修筑储粮仓城，取"启拓（tuò）封疆"之意，将其定名为启封。战国时魏惠王迁都至此，改称大梁。汉朝初年因避汉景帝刘启的名讳，"启封"更名为"开封"。

初至开封城下，辛弃疾之所以心情复杂，是因为他想起了靖康年间，想起在不到一年的时间里，金人就曾两次兵临汴京

城下。

靖康元年（1126 年）正月，金人第一次围困汴京城，兵临城下，大宋朝廷内部却还在为是战是和而争吵不休。

辛弃疾幼年时，祖父就曾给他讲过种（chóng）师道和姚平仲的故事，说这两个人都是曾经大败西夏的名将，在汴京危难时进京勤王。金朝使臣原本蛮横无理，不肯跪拜皇帝，却在种师道到场之后甘心臣服。种师道年过七旬仍有震慑（shè）金人之威。而姚平仲十八岁一战成名，人称"小太尉"。

"金人第一次围困汴京近一个月，要求大宋割让太原、中山、河间三镇，并且索要大量金银布帛（bó）。朝廷、官吏和百姓一起凑，方才凑足金人索要的金银。但退兵后仅仅数月便再度南下，这一次，竟直接攻破了汴京城！"辛弃疾还记得当初祖父说起这件事时痛心疾首的神情。

靖康元年十一月，金兵第二次兵临汴京，道士郭京称作法可退金兵，金人乘虚而入，汴京城破。

府衙后堂，看着又长高了一些的孙子，辛赞说："你既来了，也不用总是在家里陪我。年轻人嘛，多去城里城外四处看看。"

"孙儿谨（jǐn）遵祖父所命！"辛弃疾知道祖父所说的"看看"，应该不只是赏玩风景或了解风土人情、增加阅历，一定还有让他深入燕山的长远打算。

走在开封的大街上，辛弃疾感慨万千。

靖康已过三十年，开封城看上去仍旧残破不堪，汉人与女真人杂处，已经很难想象这座城市当初繁华的样子。

"国破山河在"，辛弃疾内心涌起了悲伤，这仍在的山河终究是破碎的山河。

出去走走看看的辛弃疾，选择的第一站是开封城外的金明池。宋太宗即位之初，为了操练水师特意在开封城西开凿（záo）了一片人工湖，因池水引自金水河，宋太宗赐名金明池。金明池曾是开封的著名景观。

辛弃疾走到金明池正门棂（líng）星门前时，两个中年男子正相携而来。

"当年这金明池从水师基地变成皇家园林后，就是一片桃红柳绿、草长莺飞。"

"兄台说的是，这金明池的确春天最美。老辈人说每年从三月一日到四月八日的清明时节是春光最美的时候，这金明池会对百姓开放一个月。"

"我听说在这一个月中，还会举办隆重的水戏？"

"是啊，张灯结彩，满园盛景，游人如织，能在水上游艺，像水战、百戏、竞渡、水傀儡（kuǐ lěi）、水秋千、龙舟夺标赛这些都有。家里人说我三五岁时看过，可我没什么印象了，你生得晚，就更没那个眼福了！"

辛弃疾一边听着他们说话，一边回头看向与金明池正对着的旧日琼（qióng）林苑。

北宋的琼林苑和金明池一样都是皇家园林，也是宋朝皇帝为新科进士赐宴的地方，宴会因此被命名为"琼林宴"。这里是辛弃疾更加年少时就常常梦到的，光复之后自己大约也可以去的地方。

进入金明池，眼前的亭台楼阁完全看不出全盛时的样貌，木料、砖瓦四处散落，到处都是倒塌（tā）的断壁残垣（yuán）。只有岸边的垂柳长得还算茂盛，偶尔也能看到临岸垂钓的人。

金明池内遍植荷花，据说每逢阴雨绵绵时节，文人雅士多爱到此地听雨打荷叶的声音。辛弃疾来得有些晚了，池中所见已是残荷，但大体还能窥见李商隐"秋阴不散霜飞晚，留得枯荷听雨声"的意趣。只是，面对残破的山河，谁还有心情赏荷听雨？

石制的船坞（wù）码头还在，当年的战船龙舟、王孙公主却已不见了踪影。

当年金人将汴京城中的徽、钦二帝以及皇后、亲王、公主、百官等三千余人全部掳走北上，但活着到达目的地的只有一千多人。

辛弃疾心中物是人非之感油然而生。不，不对，"物"也早已不复当初了。

三十年过去，多少人已不记得当年的惨状。书上说，侍郎李若水抱住皇帝大哭，痛骂金人，被割断舌头而死。书上还说，名将张叔夜在被押解（jiè）北上的途中，听说已经渡过两国界河便自缢（yì）而死。金人当初烧杀抢掠的痕迹大多已经被抹去，恐怕许多人已经只知"开封"不知"汴梁"了。

不只是民间，北宋的皇宫也一样遭遇了战火，经历了金兵的劫掠。战事平定后，金人将北宋皇宫改作了金朝的行宫，也陆续整修过一些宫殿。

去行宫参加宴会时，辛赞带上了辛弃疾。他说："我带你去看看曾经的大宋。"

进入宣德门，向前走，经过大庆门时，辛赞对辛弃疾说："右边，就是崇文院和秘阁，从昭（zhāo）文馆、史馆、集贤院中挑选出来的那些古籍善本和书画珍品，当初都收在那儿。只是，靖康年间……"

辛赞没有往下说，但辛弃疾都懂，是被金人搜罗一空了。他赶忙道："祖父，不说这个，我们往前走。"

"嗯，往前走。这门叫大庆门，前面就是大庆殿，是皇宫的主殿，是举行皇家大典的地方，可容纳数千人；大庆殿左边，是文德殿，平时百官上朝就在那儿；再往前是紫宸（chén）殿，官家生辰赐宴都在紫宸殿；紫宸殿旁边的垂拱（gǒng）殿是官家平日处理政务、召见众臣的地方；垂拱殿后的福宁殿是官家的寝殿……"

随着祖父一路向前，辛弃疾只能靠想象去复原当年皇宫的宏伟辉煌、气象万千，因为断瓦颓（tuí）垣早已多过碧瓦朱甍（méng）。

转过一条小路，眼前是一处更显荒凉的宫殿，檐（yán）下不见匾额，殿中长满杂草。

辛赞脚步顿了顿，"这里是崇政殿。"他的眼中略有一瞬的失神，"当年我就是在此地参加的殿试。"

辛赞又抬手指了指上方，"官家就坐在那高高的丹陛（bì）之上，俯瞰（kàn）着我等新科进士。"辛赞的语气中似有无限怅惘（chàng wǎng）。

看着眼前廊柱上斑驳（bó）的彩画，辛弃疾突然闻见一阵桂花的香气。

不远处是一株高大的丹桂。

辛弃疾的家乡也有桂树，他的同乡李清照就曾盛赞桂花"何须浅碧深红色，自是花中第一流"。眼前的丹桂高大繁茂，椭（tuǒ）圆形的叶片光滑厚实，细碎的橙（chéng）红花朵一簇（cù）簇傲立于枝头，香气四溢（yì），一看就有不下百年的树龄。

北宋盛时，它是不是开得更好呢？

辛弃疾在心里默默念起了李煜（yù）的那首《破阵子》：

四十年来家国，三千里地山河。凤阁龙楼连霄汉，玉树琼枝作烟萝，几曾识干戈（gē）？

一旦归为臣虏，沈腰潘鬓消磨。最是仓皇辞庙日，教坊犹奏别离歌，垂泪对宫娥。

辛弃疾不知道徽、钦二帝在北上之前是否被允许郑重拜辞太庙，是否也曾"垂泪对宫娥"，但他觉得"教坊犹奏别离歌"是不大可能的，毕竟金人将京城的工匠、玉帛、器物、书籍等洗劫一空，连教坊乐工也一并掳走了。

行宫宴会在音乐声中开始，满眼美酒佳肴（yáo）、美人歌舞和觥（gōng）筹交错的女真人与汉人。

看着眼前的景象，辛弃疾露出了与年龄并不相符的哂（shěn）笑。因为他想起了唐代，东都洛阳，凝碧池边，胡人与汉人坐在一起的那场宴会。

唐代安史之乱爆发后，安禄山攻陷洛阳与长安。在洛阳凝碧池举行宴会时，他不但将从皇家府库里取出的珍宝罗列满堂，还让兵士手持利刃强逼伶（líng）人奏乐助兴。伶人们想起唐玄宗在时的景象，不觉相对落泪。有一个名叫雷海青的乐工，将乐器扔在地上，面向玄宗避难的西方大声恸（tòng）哭，结果被绑在殿前肢解示众。

王维由于没来得及跟从玄宗出京，落到了安禄山的手中。虽然他一直称病不出，但还是被授以官职，又因不肯合作被拘禁在菩提寺。好友裴（péi）迪来探望王维时谈及凝碧池发生的事情，王维十分悲痛地写下了一首诗："万户伤心生野烟，百僚何日更朝天。秋槐（huái）叶落空宫里，凝碧池头奏管弦。"

也许是因为在开封的经历过于难忘，辛弃疾南渡后曾填过一首《声声慢·嘲红木犀（xī）》：

余儿时尝入京师禁中凝碧池，因书当时所见。

开元盛日，天上栽花，月殿桂影重重。十里芬芳，一枝金粟（sù）玲珑。管弦凝碧池上，记当时、风月愁侬（nóng）。翠华远，但江南草木，烟锁深宫。

只为天姿冷澹，被西风酝酿（yùn niàng），彻骨香浓。枉学丹蕉，叶底偷染妖红。道人取次装束，是自家、香底家风。又怕是，为凄凉、长在醉中。

桂树又叫木犀或木樨（xī），因其树木纹理如樨而得名。丹桂因大多花色橙红或朱红而被称为红木犀。

也许就是那一晚的桂花浓香，让夜枕黄河波涛之声的辛弃疾再一次升腾起复国之志。

读故事　学知识

横槊赋诗

　　典故源自三国时期的曹操。北宋词人苏轼的《前赤壁赋》有诗句："（曹操）酾酒临江，横槊赋诗，固一世之雄也。"《三国演义》第四十八回和《三国志·魏书·武帝纪》注引《曹瞒传》，也有此典故的记载。曹操在平定北方后，亲率大军南下，准备消灭孙权和刘备，进而统一全国。赤壁之战前夕，曹操站在船头，手持长矛，吟咏自己的诗作《短歌行》，表达了他的雄心壮志和豪迈气概。

广陵散

　　古琴曲。据东汉蔡邕的《琴操·聂政刺韩王曲》记载，战国时，聂政的父亲为韩王铸剑，因延误了工期而被杀害。聂政立志为父亲报仇，他听说韩王喜欢听琴，便拜师苦练琴艺。成名后，聂政被韩王召进宫中演奏，借机刺杀韩王，随后自刎而死。后人根据这个故事谱成了琴曲，即《聂政刺韩王》，也叫《广陵散》。

廉颇老矣，尚能饭否？

出自辛弃疾的《永遇乐·京口北固亭怀古》，源于《史记·廉颇蔺相如列传》《资治通鉴》中关于廉颇的记载。战国时期，赵国老将廉颇曾立下赫赫战功，后被陷害而流亡至魏国。赵国在屡遭秦国侵略后，赵王希望重新起用廉颇，便派使者前去探望廉颇，以确认他是否还能领兵打仗。廉颇为了展示自己的身体状况和战斗力，一顿饭吃下一斗米、十斤肉，还披甲上马展示武艺。然而，使者收受了廉颇仇敌的贿赂，回来向赵王汇报说："廉颇将军虽然年老，但饭量很不错，不过，陪我坐着时，没多久就去了三次茅厕。"赵王听了，便放弃了起用廉颇的想法。

士为知己者死

出自《战国策·赵策一》。春秋战国时期，晋国的智伯瑶（又称知伯）兵败身亡，智伯瑶的家臣豫让得知后，曰："嗟乎！士为知己者死，女为悦己者容。吾其报知氏之仇矣。"意思是："唉！志士为了解自己的人而牺牲，女子为喜欢自己的人而打扮。我一定要替智伯复仇。"豫让多次试图刺杀赵襄子，均告失败。后来他改变自己的容貌和声音，隐藏身份，再次接近赵襄子并进行刺杀，但还是被发现并被捕。豫让知道自己无法真正刺杀赵襄子，就请求能刺赵襄子的王袍几下，以示报仇。赵襄子为了成全豫让的志节，当即脱下王袍，豫让在刺了王袍后自杀身亡。

二

青年辛弃疾

聚众起义

青兕单骑斩义端

宋绍兴三十年、金正隆五年（1160 年），二十一岁的辛弃疾遭遇了人生的一场巨变——他的祖父辛赞去世了。

父亲辛文郁的过早亡故，让辛弃疾没有享受到父爱，也失去了接受父亲教育的机会，是祖父辛赞对他的抚育让他有了正常的童年，并成长为一个有责任、有担当的人。

祖父的离去让辛弃疾失去了人生最有力的依仗，也使他不得不从幕后走向台前，成为家庭的顶梁柱和决策者。

金正隆六年（1161 年）夏天，金朝皇帝完颜亮兵分四路大举入侵南宋，想要统一天下。用完颜亮自己的话说，就是为了实现"帅师伐远，执其君长而问罪于前"的人生志向。

金军集结南下的过程中一路烧杀抢掠，横征暴敛，中原百姓不堪其扰，纷纷组织义军英勇抵抗。

蛰（zhé）伏已久的辛弃疾将家人召集在一起，商议下一步该何去何从。

"我辛家虽非大富大贵之家，却也因世代薄宦而小有家财。今天下大乱，金人视我汉人如犬马，如果听其自然，不但家财不保，家人的性命能不能保住也不好说。所谓'有国才有家'，祖父生前一直教导我等孙辈不要忘记自己是汉人，还要我们等待机会以报与金人不共戴天之仇。眼下，就是我们的机会。"辛弃疾目光灼灼。

"你想怎么做？"有人发问。

"散家财，聚义兵。"辛弃疾斩钉截铁地回答。

等待他的是长久的沉默。

沉默之后，大义的辛家人纷纷表示了赞同。

"天生我材必有用，千金散尽还复来。"念着李白的诗，辛弃疾生出了前所未有的豪迈之情。

安顿好家里的老幼妇孺后，辛弃疾变卖家产招兵买马，在很短的时间内就聚集起了一支两千人的队伍。从小就是"孩子王"的辛弃疾，这一次成了义军的领袖。

打了几场胜仗之后，辛弃疾认识到还是"人多力量大"，便毅然决然地率部加入了耿京的队伍。

"老大，加入耿大帅的队伍后，你就不再是老大了。"手下的兄弟劝他。

"没事，只要我们还在一起，只要能一起打金兵，谁做老大都一样。"辛弃疾笑呵呵地说。

耿京在山东聚集义兵，全力抗金，自称天平军节度使，节制山东、河北忠义军马，很得百姓的信服。

见到前来投奔的辛弃疾，耿京十分高兴。他拍着辛弃疾的肩膀说："你能来和我一起并肩作战，真是太好了！我早就听说过你辛弃疾的大名，只是你这字改来改去的，从前你字'坦夫'，现在你字'幼安'，我该怎么称呼你啊？"

辛弃疾十分恭敬地说："耿帅长我十岁，叫我名字就好。"

耿京说："人都说咱们是一支农民起义军，这军中也都是大字不识一个的农民。幼安你是十四岁就中了乡举的读书人，你来了，可是雪中送炭啊！以后，你就做我军中的掌书记可好？"

掌书记全名"节度掌书记"，是节度使手下掌管军政、民政大事的机要秘书。加之对辛弃疾信任有加，耿京的大印也由辛弃疾保管。

闲聊的时候，耿京问辛弃疾："我听说你早年有个同窗叫党怀英？"

说起党怀英，辛弃疾不由地笑了，向耿京道："是啊！我与世杰在谯县书院共度了几载时光，也算志趣相投。初识之时我还是个孩子，他对我多有照顾。后来我们结束学业相继辞别老师回到家乡，还曾多次结伴同游。他家在泰安，我们曾一起登泰山，在泰山北麓（lù）灵岩寺的山壁上题字。那时我还年轻，曾把'辛'字拆开题名为'六十一上人'。他不但没有笑我幼稚，还说我有巧思。"

"可否请他来聚聚？"耿京试探着问。

辛弃疾摇了摇头说："恐怕要让耿帅失望了。当初我俩在商议是否出仕的时候曾经以《周易》卜卦（bǔ guà），他的占卜结果是坎卦，我的是离卦。您知道的，坎是深陷，离是离开。所以我们就此坚定了决心，他打算继续参加会试留在金朝，我决意南归。"

辛弃疾明白他和党怀英注定是要分道扬镳（biāo）的，年少时的情谊恐怕只能偶尔回忆了。

耿京说："如今我们与金人作战，虽然时有胜负，但相信曙（shǔ）光就在不远处！"

辛弃疾又高兴又黯（àn）然地说："可惜我祖父去世了，看不到我们今天和金人的激战，这是他盼了一辈子的事情。"

耿京说："你年纪轻轻就和我们在外征战，家里夫人担心得很吧？"

辛弃疾说："也担心，也期盼。她家祖籍江阴，在南边，她常说等我们胜利了，就带我回她老家去看看。"辛赞去世之前为辛弃疾娶妻赵氏，赵氏是南安军知军赵修之的孙女，两家也算门当户对。

出了耿京的大帐已是黄昏时分，辛弃疾远远地就看见一个和尚打扮的人向自己走来。此人名叫义端，是辛弃疾的旧相识。

"幼安啊，今天陪我喝点儿！"义端举起了手中的酒囊。

"军中不可饮酒，你以后也少喝点儿！"辛弃疾回道。

"当初咱俩彻夜讨论兵法的时候，可是把酒言欢啊！劝我带着我那支千人的队伍投奔耿帅，咱俩不也是就着酒聊的？怎么这么快你就忘了！"义端跟在辛弃疾的身后进了营帐。

"你身为出家人本可不问世事，却能熟读兵法、兴兵抗金，辛某很是佩服。但这酒真的还是要少喝。"辛弃疾继续劝道。

义端坐下说："眼下金人集结了数十万兵力南下，我们义军的前景不容乐观，幼安你要早作打算。"

辛弃疾说："此话莫要胡说，以免扰乱军心。眼下的困难都是暂时的，我们义军才是民心所向。"

这一夜两个人聊到很晚。

第二天早上巡（xún）营的时候，辛弃疾发现义端和自己负责保管的元帅大印一起不翼而飞了。

得知情况的耿京一时气急，拍案大叫："来人，保管帅印不善，立即将辛弃疾推出辕（yuán）门，斩首示众！"

辛弃疾坦然跪地认错，并诚恳地说道："大人，辛某命不足惜，但当务之急是追回帅印，以免另生事端。请大人给我三天时间，如果不能追回大印，再杀我不迟。"

相处日久，耿京深知辛弃疾的为人，知道他说得对，也不担心他会就此脱逃。于是挥挥手说："那就准你立即出营，以三日为期。"

出了大帐，辛弃疾一边命人备马、取枪，一边仔细揣度（chuǎi duó）义端的去向。

联系义端平日的言谈，辛弃疾觉得他一定是往金营方向去了，而他此去必然会泄露军情，向金军元帅告知义军的虚实。至于偷走的帅印，就是他向金人投诚的投名状。

想清楚的辛弃疾昼夜兼程一路疾行，终于看到了义端打马狂奔的身影。

"义端!"辛弃疾大喝一声,又向前冲了数百米,方才拦停了义端的马头。

曾经的兄弟在一片平畴(chóu)之上勒(lè)马相对。

"幼安,你和我一起走吧!"望着面前怒目而视的辛弃疾,义端率先开口,"金人兵强马壮、训练有素,义军多是揭竿而起的农民,全凭一腔热情,没有前途的。幼安,你跟我走,我就和金人说是你主动带着帅印投降的,他们一定会给你高官厚禄。"

辛弃疾举起手中长枪,直指义端,"废话少说,帅印还我!不义小人,下马受死!"

义端素知辛弃疾的骁勇,心知自己绝不是他的对手,立刻从怀里掏出帅印,颤声说:"帅印还你,但求放我一条生路。我是出家人,最善钻研佛理,我知道你真正的命相是青兕(sì),力气大,杀个人轻而易举,但是求你不要杀我!"青兕是一种犀牛类的兽,长有一只角,全身青色,重千斤,异常凶猛。

辛弃疾端坐于马上,凛然道:"你若一人独自离开义军,不但是我,就连耿帅也未必会追究。但你千不该万不该,不该从我手中偷盗帅印,陷义军于危难,陷朋友于不义。如此不义小人,留你何用!"

一语说罢，辛弃疾催马上前。

义端慌忙举刀迎战，二人战在一处。

没几个回合，辛弃疾便将义端挑落于马下，并用随身的宝剑斩下义端的头颅归队复命。

一时之间，辛弃疾的英勇之名传遍义军，耿京也越发看重这个年轻人。

天气渐寒，将士们经常在营地内生起篝（gōu）火取暖，也常坐在火堆旁聊天。

"这金朝皇帝亲自率军南征，结果还没渡江就死在了瓜洲，到底是怎么回事啊？"

"唉，我听说啊，那完颜亮在采石矶（jī）打了一场败仗，然后驻扎在瓜洲龟山寺。他逼迫军队全力再战，军中的将领就联合禁军侍卫发动哗（huá）变，拥入龟山寺万箭齐发，完颜亮身受重伤，然后就被人用弓弦绞死了。"

"这就是他的命吧，他以臣子的身份杀了皇帝，也被自己的臣子所杀，报应不爽啊！"

"他死了好啊，他死了金人就放弃渡江回撤了，咱们正好有机会光复大宋江山。听说咱们南边的皇帝也打算派兵北上收复失地呢！"

"听说完颜亮还没死的时候，他有个弟弟就已经在辽阳称帝了，这时是不是就顺理成章即位了？希望那是个不爱打仗的皇帝。"

这一年（1161年）十二月十九日，从东京辽阳府起兵的完颜雍顺利抵达中都燕京，夺取政权，改元大定。

同年，刘瞻被召为史馆编修，正式出仕金朝。

奉表归宋

军营里的日子时而惊心动魄（pò），时而宁静美好。

训练的间歇，一个中年汉子凌空向辛弃疾抛了个小物件，"掌书记，你看看这个！"

辛弃疾抬手抓住，是一枚铜钱。铜钱上是四个汉字——"正隆元宝"。

"正隆"是海陵王的年号，"正隆元宝"于正隆二年（1157年）开始铸造发行，是金朝建立四十二年后首次发行的货币，在市面上与此前沿用的辽钱、宋钱并行。

辛弃疾旁边的小兵凑过来看了一眼，说："这有什么好看的，不就是钱嘛！五年前刚发行的时候我就见过了！金人的钱，也不比辽钱、宋钱更值钱！"

有人接口说："钱钱钱，你是掉钱眼儿里了，还是说绕口令呢！"

众人哄（hōng）堂大笑。

"这字儿写得咋样啊？"扔钱的中年汉子冲着辛弃疾问了一句。

辛弃疾摩挲（mó suō）了一下手中的铜钱，垂目看向那字迹，淡淡地说："挺好的。"

金人铸的汉字钱。钱上的汉字，应该是汉人写的吧！

"你听说蔡州新息县的事儿没有？"那个中年汉子又推了推旁边正在发呆的黑脸膛（táng）的年轻人。

黑脸膛的年轻人有些不耐烦地说："你是说去年十月范县令大开城门那事吗？"

中年汉子说："对啊，我听说县令范邦彦在宋军打过来的时候根本没迎战，直接率领属下众人打开城门迎接大军呢！"

旁边有人跟着说："这也没啥稀奇的，咱们中原的百姓，谁还不盼着南边的大军早点儿打回来呢！这范县令就是做了多少人都想做的事，难得的是他手下的人也都跟他是一条心！"

辛弃疾一边听着他们闲聊一边想：要是祖父还在的话，也一定会大开城门以迎王师，这是他盼了多年的事啊！

"掌书记，耿帅叫你！"一个小兵跑过来，弯下腰，双手撑在膝上，在三五米远的地方气喘吁（xū）吁地喊。

进入耿京的营帐，辛弃疾发现里面已经坐着好几位将领，贾瑞、李铁枪、张安国都在。坐下听了一会儿大家七嘴八舌的讨论，辛弃疾大致明白了眼下的情形。

"耿帅，您竖起抗金大旗，从六个人开始扩充队伍，很快就到了一百多人，再到现在有二十五万了。此时金人内乱，咱们应该趁机光复大宋。"

"大名府的王友直率领手下几万人，也派人送信说愿意跟着您一起打金兵。"

"听说他们还派人联络朝廷，要回归宋朝，咱是不是也该派人去啊？"

"若是归附大宋，要打哪儿、怎么打，不就都得听人家的了？"

"也不能这么说。作为起义军，虽然我们的队伍一拉起来就迅速攻下了莱芜（lái wú）、泰安，在山东地区声势浩大，但面对人数和势力巨大的金军终究势单力薄，也缺乏与友军协同作战的便利。所以，为了防止金人反扑，我们与其孤军作战，还不如归附大宋。"

大家都点了头，辛弃疾注意到有些人是不情不愿的。大家都是汉人，时间应该会消弭（mǐ）所有的隔阂（hé）吧！

在商讨派谁出使时，大家一致推举了熟悉军中事务的总提领贾瑞。

耿京面向贾瑞道："那就有劳贾兄渡江了。"

贾瑞道："此去或可得一线生机，否则早晚死在金人手里。我自然无惧生死，但如果到了朝廷，那些大小官员向我问这问那，我文才不佳，恐怕不能应对。所以，还得再派个文人与我同往。"

大家你看看我，我看看你，一时无法决断。

辛弃疾慨然出声道："此途风险极大，能否顺利抵达江南还未可知。如蒙诸位信任，辛某愿与总提领同往。"

辛弃疾的文才武略在军中早已深入人心，耿京闻言不由面上一喜，又看一眼贾瑞如释重负的神情，立刻道："有幼安同往，甚好，甚好！"

于是众人商定以贾瑞为正使，辛弃疾为副使，又确定了九名随行人员。

"既要南归，总不能空手而去，至少要上一道表章的。"

"是啊，总不能一句句把咱们的事儿说给官家听啊！"

"上表章没错，但总得有人来写啊！"

这次，人们不约而同地将视线投向辛弃疾。

夜色渐深，辛弃疾端坐于案边。书案上，一灯如豆，笔墨纸砚（yàn）俱齐。辛弃疾按捺（àn nà）着内心的澎湃（péng pài）之情，开始缓缓地研墨。一圈又一圈，墨色渐浓，辛弃疾的心情也渐渐平静。他郑重地铺开最好的宣纸，提笔蘸（zhàn）墨，迅捷落笔："草民山东耿京率部下二十余万众叩问陛下金安。京乃汉人，时刻不忘故国，因不满金人荼（tú）毒我中原百姓愤而起义……"

这一夜，辛弃疾营帐中的灯盏（zhǎn）一直没有熄灭，他高大魁梧（kuí wú）、伏案疾书的身影映照在营帐之上。巡逻的士兵不明所以，小声地互相探问："掌书记在做什么？他不需要睡觉的吗？"

辛弃疾奋笔书写着坚定的南归之志、热切的报国之情，他的眼前出现了祖父带着他们兄弟几人登高望远、指画山河的场景，出现了两赴燕山艰难跋（bá）涉中看到金人对汉人的盘剥与凌虐（nüè），出现了家乡父老穷困潦倒的生活，出现了自己带着兄弟们沙场奋战斩杀金兵的热血飞扬，出现了宗泽、岳飞、韩世忠的身影……

辛弃疾这一封表写得热血沸腾。

表，是古代奏章的一种，一般由臣子写给皇帝。他竟然可以写一篇文章直达皇帝的御案，这是辛弃疾梦中才会出现的场景。在他二十三岁这一年，梦境变成了现实。

虽然这篇文章是以耿京的名义所作，但表中全是辛弃疾自己的心声，是山东父老的心声，也是大宋沦陷区所有遗民的心声。

绍兴三十二年（1162 年）正月，辛弃疾一行人顾不上在家好好过年，早早地辞别亲人，一路向南。

最初的一段从山东到楚州（今江苏淮安）的路程，他们一直在走陆路，一直在骑马前行。骑马，而不是坐车，只为快一点儿，再快一点儿。

在无人处，他们纵马疾驰，忍饥挨饿，风餐露宿。进入集镇，他们不想被人流阻碍行程，同时还要小心隐藏自己的行踪，防止被金人过多盘查，产生不必要的麻烦。

贾瑞、辛弃疾等人一路快马奔波，到达楚州后，求见淮南转运副使杨抗。了解清楚他们的来意后，杨抗说："恰好官家巡幸建康慰问军队，从楚州到建康比到京城临安还要近些，待我与建康方面联络好，就安排你们出发。"

　　贾瑞和辛弃疾在驿（yì）馆等得有些心急，他们并不确定南宋皇帝对他们的态度。毕竟这几十年来，宋朝和金人之间总是今天打明天和、今天和明天打。而且义军总会被视为"造反"，既然今天可以造金人的反，是不是明天也会造宋朝的反？他们心里忐忑不安。

　　杨抗很快传来消息，派人带辛弃疾他们赶赴建康面圣。

　　抵达长江岸边，望着眼前滔滔的江水，辛弃疾的内心无比复杂。他想起夫人赵氏说过她的家乡江阴与济南府截然不同的风光。江阴，就是长江之阴，就在长江之南。

　　船抵建康，辛弃疾一行人弃舟登岸，来不及休息，立刻风尘仆仆地赶往行宫拜见宋高宗。

　　正月十八日。

　　见到高高的丹陛之上，五十六岁的皇帝威严端坐，辛弃疾想起了祖父给他讲过的崇政殿殿试，皇帝也是坐在高高的丹陛之上。时过境迁，这一次面圣，不在汴京的崇政殿，换了臣子，也换了皇帝。

　　贾瑞作为正使说明来意后，就将主要位置让给了辛弃疾，由他来回答皇帝和朝臣的各种提问。辛弃疾的表现从容沉稳，让人忽略了他是一个只有二十三岁的年轻人。

宋高宗褒（bāo）奖了耿京所部的忠义之举，下旨任命耿京为天平军节度使，贾瑞为敦武郎阁门祗（zhī）候，并为二人颁赐象征荣誉的金腰带。辛弃疾被任命为右承务郎，义军中所有统制官都被授予修武郎之职，将官都被授予成忠郎之职。宋高宗一共为二百多人授予了官职，并下发了正式的委任状。

跪伏在大殿上，听着皇帝的嘉奖与任命，辛弃疾心想：这会是一摞（luò）厚厚的公文吧？二百多人都有了和他们名字相对应的官职，朝廷这是接纳了他们，他们从此便是隶属于大宋的正规军了吗？他在心中大声呼喊："祖父，您听到了吗，如您所愿，我终于'回来'了！"

得到了想要的结果，辛弃疾等人迫不及待地想要返程。

枢（shū）密院派遣两名使臣带着朝廷下发的委任状和特别颁发给耿京的象征身份的符节及斧钺（yuè），与贾瑞等人一起赶往耿京的部队。

到达楚州的时候，朝廷使臣觉得再向北就要进入金人占领区，心生畏惧不敢前行，便要求在海州（今江苏连云港）等候耿京等人前来接受任命文书。

贾瑞和辛弃疾对视一眼，不得不接受了这个提议。

深入万军擒贼首

离开山东大营已经有一段时间了，辛弃疾和贾瑞归心似箭。他们不想和朝廷派出的使臣扯皮，只想早点儿回去，第一时间把朝廷的决定告知耿京。

面对朝廷使臣不肯北上这一突发情况，京东东路招讨使李宝只好派手下的王世隆率领十几人带着朝廷的赏赐与贾瑞、辛弃疾等人一同北上。

"再急也不能不吃饭不喝水啊！你们刚刚下船，后面还有几百里的长途奔波，需要稍作休整，免得路上再出意外。我这边也要重新打点车马，装载朝廷赏赐。"李宝和手下劝道。

辛弃疾和贾瑞只得点头。

海州驿馆。

"幼安，你说完颜亮真的是因为这首词才挥师南下的吗？"贾瑞举着手里的书问辛弃疾。

辛弃疾正盯着手中的茶盏出神，闻言转头看去，见贾瑞读的是柳永写杭州盛景的那首《望海潮》。

东南形胜，三吴都会，钱塘自古繁华。烟柳画桥，风帘翠幕，**参差**（cēn cī）十万人家。云树绕堤沙，怒涛卷霜雪，天**堑**（qiàn）无涯。市列珠**玑**（jī），户盈罗**绮**（qǐ），竞豪奢。

重湖叠**巘**（yǎn）清嘉，有三秋桂子，十里荷花。**羌**（qiāng）管弄晴，菱歌泛夜，嬉嬉钓**叟**（sǒu）莲娃。千骑拥高牙，乘醉听箫鼓，吟赏烟霞。异日图将好景，归去凤池夸。

"狼子野心，总要给自己找个理由吧！"辛弃疾想起了前一年，完颜亮出兵南下时作了一首《题临安山水》："万里车书一混同，江南岂有别疆封。提兵百万西湖上，立马吴山第一峰。"可是他终究没有渡过长江。

"在想什么？"贾瑞看向辛弃疾。

辛弃疾顿了一下，道："在想我面圣时向官家提出的八条抗金大计，不知官家听进去了多少。也想我们正月出来，如今已经进了**闰**（rùn）二月，不知耿帅那里怎样了。"

贾瑞想了想，说："我们这一路总有消息送出去，虽然不知道最后的结果，但大帅应该知道此行还算顺利，肯定也在盼着我们回去呢！"

辛弃疾应了一声，正要开口，就听见一阵急促的敲门声。

门外站着一个十七八岁的少年，鬓发散乱，征尘满身，一看就是经历了长途奔波。辛弃疾认得，他是常跟在耿京身边的一个亲兵。

那少年跨过门槛（kǎn）两步就向着贾瑞和辛弃疾单膝跪地，声音哽咽（gěng yè）："总提领、掌书记，大帅他，他……"

辛弃疾忙站起身，带翻了手边的茶盏，贾瑞则直接将手中的书扔到了榻（tà）上，急急地问："大帅怎么了？"

"大帅，大帅没了！"少年放声大哭。

过了好一会儿，辛弃疾和贾瑞才从少年断断续续的讲述中得知，军中出了叛将，张安国和邵进等人杀了耿京，投降了金人。

辛弃疾努力压下心中的惊怒，问道："为什么会这样？"

少年说："掌书记，你不知道！完颜亮死后，那完颜雍做了大金皇帝，就向咱们山东发布了赦（shè）免令，说参加过义军的人，只要一百天之内离开军营回到家中就不予追究。还发米、发布安抚百姓，让地方官把散落在各地的那些做盗贼的、躲避盗贼的和躲避徭（yáo）役的都召回来，让大家各归本业、及时种田，不管罪名轻重都一并赦免。如果是义军头领，要是能率领手下的兄弟一起自首，还能得到特别的奖赏。对那些拒不接受金人招抚的，就专门组织军队去讨伐和抓捕。

"趁着您二位和李铁枪将军都不在军中，张安国和邵进他们为了荣华富贵，就刺杀了大帅。还带着一部分军中将士，一起去投奔金人了。可恨的是，大帅一直拿他们当兄弟，他们却背后捅刀！

"大帅没了，队伍就散了。张安国带走了大约五万人，有一些兄弟不想跟他走就回家去了，还有一些兄弟暂时蛰伏，等着总提领和掌书记回来呢！"

辛弃疾在后来的文章中说"锄（chú）犁之民，寡（guǎ）谋而易聚，惧败而轻敌，使之坚战而持久则败矣"，指的就是这种情况。

少年擦了一把脸上的泪水，接着说："大帅出事后，张安国立刻被金人任命为济州（今山东巨野）知州。我们几个忠于大帅的亲兵，决定分头到你们回程可能经过的州县来报信，我就这样到了海州。"

军中的消息如同晴天霹雳（pī lì），使辛弃疾的满腔喜悦荡然无存。他喃喃发问："我受主帅之命回归朝廷，结果却出了这样大的变故，这让我如何复命？"

短暂的天人交战之后，辛弃疾已然有了决断。

在一众重新集结起来的义军兄弟面前，辛弃疾说："经此一事，我定与张安国不死不休。辛某欲深入金营，生擒张安国为耿帅报仇。谁愿与辛某同往？"

王世隆道："我被派去见耿帅，如今耿帅不在了，谁害我不能完成任务我就要杀谁！"

马全福道："我是忠义军的人，我忠义军以'忠义'为名，此去必须算我一个！"

"掌书记，大帅待我恩重如山，我和你一起去！"

"我去！"

"我也去！"

一时之间群情激昂。

辛弃疾压了压声音，说："此去劫营，关键在于偷袭，人数不宜过多。王兄、马兄与我一同，凑够五十人足矣。辛某感谢诸位兄弟，待此行归来，我们再一起并肩作战。"

从海州到济州共六百里的路程，为保证行动的成功，不走漏消息，辛弃疾等人即刻出发，一路快马加鞭。

到达济州附近，辛弃疾命人在僻静处下马，一边派人去城

阅读指导·诗文解析·考点归纳·知识演练

少年读辛弃疾

阅读指导与考点精练手册

模拟试题
多种类型
强化训练

高效学习就看这一本！

作品介绍

　　《少年读辛弃疾》是一部专为青少年读者精心撰写的人物传记，作者以学术研究的严谨态度和实证精神，力求史料翔实、考证严谨，通过丰富的历史资料和深入的剖析，使读者能够全面、深入地了解辛弃疾的生平事迹、文学成就和思想精髓。

　　本书以时间为序，详细记录了辛弃疾从少年时期到壮年、晚年各个阶段的经历，展现了他在不同历史背景下的选择与坚持。对于辛弃疾在政治、军事上的贡献，书中也给予了充分的关注，通过具体的历史事件，让读者感受辛弃疾的赤诚之心。此外，本书还着重分析了辛弃疾的诗词创作背景及其艺术特色，通过对诗词中意象、情感的深入剖析，带领读者走进辛弃疾的内心世界，感受他对家国的深情与热爱。

　　这是一个关于成长、梦想与坚持的感人故事，更是对辛弃疾不朽精神的深情致敬。本书不仅适合广大文学爱好者阅读，也适合作为中学生学习辛弃疾诗词的辅助教材，有助于提高学生的文学素养和历史水平。

作者介绍

高方，教授，博士，中国社会科学院文学研究所出站博士后。中国作家协会会员，中国文艺评论家协会会员，黑龙江省文艺评论家协会理事，长期从事文学创作和文学研究。文学作品散见于《人民文学》《散文》等处，出版《千古谁人共此梦——诗语红楼》（海燕出版社，2013）、《穿越千年的叮咛——〈颜氏家训〉解读》（海燕出版社，2014）、《读词通识》（华龄出版社，2019）、《蔡文姬》（中华书局，2022）、《王羲之》（中华书局，2022）等普及读物。主持或独立完成教育部、中国博士后科学基金资助项目、省规划办项目等科研、教研课题十项。获得省级哲学社会科学优秀科研成果二等奖两次，获得省级高等教育优秀教学成果二等奖三次。

辛弃疾是谁？

辛弃疾（1140—1207 年），字幼安，号稼轩，南宋著名文学家、将领，山东历城人，自幼受祖父辛赞影响，立志恢复中原。

青年时期，辛弃疾投身于抗金斗争，加入耿京起义军，并擒杀叛徒张安国，献俘行在，名震朝野。此后，他南归宋廷，历任多地官职，却因与掌权者政见不合，屡遭排挤，仕途坎坷。

尽管仕途不顺，辛弃疾却从未放弃恢复中原的信念。他宽以待民，严以律官，曾平定荆南茶商赖文政起事，又力排众议，创置"飞虎军"，以稳定湖湘地区。他的为政风格，是忠于国家，热爱人民，敢于担当。

晚年的辛弃疾，隐居江西上饶，专注于文学创作，留下了六百多首传世词作，其中四百多首是在隐居期间所写。他的词作，如同一面镜子，折射出他的内心世界与时代背景，成为后世传颂的经典。

辛弃疾的词作，以豪放派为主，旋律优美，情感深厚，既有壮志凌云的豪情，也有柔情缠绵的细腻。他的名篇《破阵子》中，"想当年，金戈铁马，气吞万里如虎"，表达了他对战斗的渴望和对胜利的憧憬。而他的《青玉案·元夕》等作品，则展现出他铁血柔情的一面。

辛弃疾的一生，是壮志未酬的一生，也是词坛传奇的一生。他以笔为剑，划破南宋的沉寂，留下了不朽的文学遗产，也留下了对家国深深的眷恋与忧虑。

课本中的辛弃疾

清平乐·村居 [1]

茅檐低小 [2]，溪上青青草。醉里吴音相媚好 [3]，白发谁家翁媪 [4]？

大儿锄豆溪东 [5]，中儿正织鸡笼 [6]。最喜小儿亡赖 [7]，溪头卧剥莲蓬 [8]。

【注释】

[1] 清平乐（yuè）：词牌名。村居：这首词的题目，意为乡村生活。

[2] 茅檐（yán）：茅屋的房檐。

[3] 醉里：带着醉意。吴音：吴地的方言。作者当时住在信州（今江西上饶），此地古代曾属吴国，因此称这一带的方言为吴音。相媚好：指相互逗趣、取乐。

[4] 翁媪（ǎo）：老翁、老妇。媪：古代对年老妇女的泛称。

[5] 大儿：长子，大儿子。锄豆：锄掉豆田里的杂草。

[6] 中儿：次子，二儿子。织：编织，这里指编织鸡笼。

[7] 小儿：幼子，小儿子。亡赖：即无赖，这里指小孩顽皮。亡：通"无"。

[8] 卧：趴。莲蓬：即莲子肉，是莲花开过后的花托，呈倒圆

锥形，里面有莲子。

【赏析】

南宋孝宗淳熙八年（1181 年）辛弃疾被罢职，返回江西上饶带湖，这首词就作于他闲居带湖期间。

上片描写五口之家居住的环境，低矮的茅草屋、清澈的溪水、碧绿的青草，给人一种诗情画意的感觉。在这清新秀丽、朴素雅静的景色里，一对老翁、老妇坐在一起悠闲地聊天、饮酒。下片写三个孩子的活动，大儿子在为豆田锄草，二儿子在编织鸡笼，小儿子尚年幼，顾自贪玩，趴在溪边剥莲蓬吃。短短的篇幅里，充满了人情之美和生活之趣，表达了作者对生机勃勃、恬静闲适的乡村生活的热爱。

（入选部编语文教科书四年级下册）

西江月·夜行黄沙道中 [1]

明月别枝惊鹊 [2]，清风半夜鸣蝉 [3]。稻花香里说丰年 [4]，听取蛙声一片 [5]。

七八个星天外 [6]，两三点雨山前 [7]。旧时茅店社林边 [8]，路转溪桥忽见 [9]。

【注释】

[1] 西江月：词牌名。夜行黄沙道中：这首词的题目。黄沙：黄沙岭，在今江西上饶的西面。

[2] "明月"句：皎洁的月光从树梢间掠过，惊醒了上面栖息的

喜鹊。别枝：离开树枝。惊鹊：惊动喜鹊。

[3]"清风"句：清凉的晚风吹来，伴随着一阵阵蝉鸣声。鸣蝉：蝉叫声。

[4]"稻花"句：人们在稻花的清香里，谈论着丰收的年景。

[5]"听取"句：耳边传来一片蛙叫声，仿佛也在为丰收之年而欢呼。

[6]"七八"句：夜空里稀疏地点缀着几颗星星。

[7]"两三"句：山前下起了淅淅沥沥的小雨。

[8]茅店：用茅草搭建的乡村客栈。社林：土地庙附近的树林。社：土地庙，是村民祭祀土地神、祈求丰收与平安的重要场所。

[9]见：同"现"，显现，出现。

【赏析】

　　辛弃疾中年时期被罢官后，在江西上饶带湖筑居，生活了十余年，并留下了许多描写乡村生活的词作，这首词就是他经过上饶黄沙岭时所作。

　　上片前两句写清风、明月、蝉鸣、鹊飞，动静结合，将平常的景物进行巧妙搭配，呈现出夏夜特有的幽美、恬静。后两句写稻花、蛙鸣，表达对即将到来的丰收的喜悦之情。下片前两句写疏星、细雨，与上片中清幽夜色相映成趣。后两句通过"路转"写茅店、社林、溪桥，表达出一种意外的惊喜和亲切感。整首词没有使用典故，没有华丽辞藻，而是用乡村常见的景物勾勒出一幅生动的画面，从视觉、听觉和嗅觉三方面描写黄沙道中的夏夜美景，令人有身临其境之感，也让读者领略到辛词于雄浑豪迈之外的另一种境界。

（入选部编语文教科书六年级上册）

丑奴儿·书博山道中壁 [1]

少年不识愁滋味 [2]，爱上层楼 [3]。爱上层楼，为赋新词强说愁 [4]。

而今识尽愁滋味 [5]，欲说还休 [6]。欲说还休，却道"天凉好个秋 [7]"！

【注释】

[1] 丑奴儿：词牌名，又名"采桑子"。书博山道中壁：这首词的题目。书：写。博山：在今江西广丰西南，因林谷幽深、泉石清奇而闻名。辛弃疾退居上饶后，常游览博山，还在博山寺旁边建了一间稼轩书舍，其间写下多首脍炙人口的诗词，如《清平乐·独宿博山王氏庵》《鹧鸪天·博山寺作》《丑奴儿近·博山道中效李易安体》《江神子·博山道中书王氏壁》《念奴娇·赋雨岩》《水龙吟·题雨岩》《山鬼谣·问何年》《生查子·游雨岩》《蝶恋花·月下醉书雨岩石浪》等。道中壁：山道中的石壁。

[2] 少年：指年轻的时候。不识：不懂，不知道什么是。

[3] 爱上层楼：喜欢登高望远。

[4] "为赋"句：为了创作新词，没有愁而勉强说心中忧愁。强（qiǎng）：勉强地，硬要。

[5] 而今：如今，现在。识尽：尝够，深深懂得。

[6] 欲说还休：想要表达却没有说出来。休：停住，终止。

[7] "却道"句：却说道："好一个凉爽的秋天啊！"

【赏析】

这首词作于辛弃疾退居上饶后，在博山道中石壁上题写的。词中一个"愁"字贯穿始终，通过不同年龄阶段对人生愁绪的理解及心态变化，表达内心的痛苦和对现实的无奈。

上片写作者少年时代不知忧愁是什么滋味，总是喜欢登上高处，极目远眺，表达出对美好未来的好奇与向往。无忧无虑的少年为了创作新词而勉强地说愁。下片写作者中年时代历经沧桑，饱尝愁苦滋味，心中充满了怀才不遇、报国无门的哀愁，想要诉说，却无处可诉、无人理解，只好言不由衷地顾左右而言他，说道："好一个凉爽的秋天啊！"整首词平易浅显，没有一个生僻字，却词境深远，以景结情，含蓄深沉，在"欲说还休"中展现出作者内心深处的忧愁和矛盾。这首词以其深刻的人生哲理和独特的艺术魅力，成为辛弃疾词作中的佳作之一。

（入选部编语文教科书九年级上册）

破阵子·为陈同甫赋壮词以寄之 [1]

醉里挑灯看剑 [2]，梦回吹角连营 [3]。八百里分麾下炙 [4]，五十弦翻塞外声 [5]，沙场秋点兵 [6]。

马作的卢飞快 [7]，弓如霹雳弦惊 [8]。了却君王天下事 [9]，赢得生前身后名 [10]。可怜白发生 [11]！

【注释】

[1] 破阵子：词牌名。为陈同甫赋壮词以寄之：这首词的题目。陈同甫：陈亮，字同甫，与辛弃疾互为知己。壮词：指雄壮、豪迈的词，多描写军旅生活。

[2] 醉里：醉酒的状态下。挑灯：拨亮灯芯，点灯。看剑：查看宝剑。

[3] "梦回"句：在梦中回到了军营，看到连绵不断的军营，听到此起彼伏的号角声。

[4] "八百"句：把牛宰杀后烤熟，分给部下享用。八百里：牛名。语出《世说新语·汰侈》："王君夫有牛，名八百里驳，常莹其蹄角。"后以"八百里"代指珍贵的牛，这里泛指酒食。麾下：指部下。炙：指烤的烹饪方式。

[5] "五十"句：让乐器奏起雄壮豪迈的乐曲鼓舞士气。五十弦：原指瑟，这里泛指军中的各种乐器。翻：演奏。塞外声：以边塞为题材的苍凉悲壮的军乐。

[6] "沙场"句：在秋天的战场上检阅军队。沙场：战场。

[7] "马作"句：战马跑得像的卢马一样飞快。作：像……一样。的卢：古代一种良马，因奔跑速度飞快而著名。据说三国时刘备曾乘的卢马从襄阳城西的檀溪水中一跃三丈，脱离险境。

[8] "弓如"句：弓箭像惊雷一样震耳离弦。

[9] "了却"句：替君主完成收复中原失地的大业。了（liǎo）却：了结，完成。天下事：这里指恢复中原之事。

[10] "赢得"句：生前和死后都博得世代相传的美名。

[11] "可怜"句：可悲的是，头发已经变白了。可怜：可惜，

可悲。

【赏析】

这首词作于辛弃疾退居江西上饶期间，如题中所示，此词是写给好友陈亮（字同甫）的。

辛弃疾与陈亮相识于南宋淳熙十五年（1188 年）冬天，即第二次鹅湖之会。辛弃疾和陈亮志同道合，都怀有收复中原失地的理想。于是，这年冬天，陈亮不远万里来到上饶拜访辛弃疾。在此期间，二人泛舟鹅湖，登山远眺，畅谈时局和理想，相互诗词唱和，深感相见恨晚。他们分别后，书信往来频繁，且常附上自己的诗词。《破阵子·为陈同甫赋壮词以寄之》就是其中一首。

辛弃疾在这首词中借梦境展现了他对往昔军旅生活的怀念。上片写梦中见到雄浑壮阔的秋日连营、听见此起彼伏的号角声，生动地描绘出一个胸怀壮志、心系朝廷、渴望建功立业但又略带愁绪的英雄形象。下片写征战沙场的景象，战马奔驰，弓弦雷鸣，万箭齐发，敌军狼狈溃退，为君主收复中原失地，赢得千秋功名，实现心中理想。然而，最后一声长叹——"可怜白发生！"激昂的情绪瞬间跌落，原来横戈跃马、驰骋疆场，不过是梦境。这强烈的情绪起伏、戛然而止的写作手法，扣人心弦，让我们感受到了辛弃疾深沉的爱国情怀和壮志未酬的悲壮情怀。

（入选部编语文教科书九年级下册）

南乡子·登京口北固亭有怀 [1]

　　何处望神州 [2]？满眼风光北固楼 [3]。千古兴亡多少事 [4]？悠悠 [5]。不尽长江滚滚流 [6]。

　　年少万兜鍪 [7]，坐断东南战未休 [8]。天下英雄谁敌手 [9]？曹刘 [10]。生子当如孙仲谋 [11]。

【注释】

[1] 南乡子：词牌名。登京口北固亭有怀：这首词的题目。京口：今江苏镇江。北固亭：在今江苏镇江北固山上，下临长江，三面环水。初建年代不详，历史上多有损毁、修缮，新亭重建于明朝崇祯年间。有怀：有感而发。

[2] "何处"句：从哪里可以望见中原大地。望：眺望。神州：这里指被金人占领的中原地区。

[3] "满眼"句：眼前都是从北固亭看到的壮美风光。北固楼：即北固亭。

[4] 兴亡：指国家兴衰、朝代更迭。

[5] 悠悠：形容岁月漫长，时间久远。

[6] 不尽：无穷无尽，没有尽头。

[7] "年少"句：孙权年少时就已统领千军万马。兜鍪（móu）：古代作战时士兵戴的盔。这里借指士兵。

[8] "坐断"句：占据东南，连年征战，没有向敌人屈服过。坐断：占据，割据。东南：指三国时吴国所在的东南方。休：停止。

[9] "天下"句：天下英雄谁是孙权的对手呢？敌手：能力相当的对手。

[10] 曹刘：指曹操与刘备。这里是说只有曹操和刘备能够与孙权鼎足而立。

[11] "生子"句：生儿子就应当生像孙权一样的。语出《三国志·吴书·吴主传》："公见舟船器仗军伍整肃，喟然叹曰：'生子当如孙仲谋，刘景升儿子若豚犬耳！'"

【赏析】

这首词作于辛弃疾任镇江知府期间，即嘉泰四年（1204年）至开禧元年（1205年）。

镇江地处江苏南部，扼南北要冲，是兵家必争之地，也是英雄用武和建功立业之地。辛弃疾每当登临京口北固亭时，都会触景生情，生发无限诗兴。他曾写下两首有关北固亭的词作，分别是《南乡子·登京口北固亭有怀》和《永遇乐·京口北固亭怀古》。

这首《南乡子·登京口北固亭有怀》通过对古代英雄人物的歌颂，表达作者渴望收复中原失地的壮烈情怀。

上片从一个问句开始，从哪里可以眺望中原大地，登上北固亭，眼前只有北固楼一带的风光。如今山河破碎，再美的风景也无心欣赏。接下来，作者再次发问，千百年来有多少国家兴亡、朝代更替，是非成败悠悠远去，只有无穷无尽的江水滚滚向前。下片作者以夸张的手法描写三国孙权的少年英姿，第三次发问，天下英雄谁能与孙权匹敌？只有曹操和刘备，才能与孙权一决高低，以此赞颂孙权不畏强敌，立下不世功业。最后，作者叹道："生子当如孙仲谋！"实则，作者是希望南宋能够多一些如孙权一样的有志之士。全词将写景、抒情、议论相互结合，三问三答，风格明快，意境高远，情调昂扬，展现了辛弃疾的爱国情怀和对英雄人物的敬仰之情。

（入选部编语文教科书九年级下册）

太常引·建康中秋夜为吕叔潜赋 [1]

一轮秋影转金波 [2]，飞镜又重磨 [3]。把酒问姮娥：被白发，欺人奈何 [4]？

乘风好去，长空万里，直下看山河 [5]。斫去桂婆婆，人道是，清光更多 [6]。

【注释】

[1] 太常引：词牌名。建康中秋夜为吕叔潜赋：这首词的题目。建康：今江苏南京。吕叔潜：吕大虬，字叔潜，生平事迹不详，据词作推测应是辛弃疾志同道合的朋友。

[2] "一轮"句：一轮秋月在天空移动，洒下金色波光。金波：形容月光浮动，亦指月光。

[3] "飞镜"句：那磨得发亮的铜镜飞上了夜空。飞镜：飞天之镜，此指月亮。

[4] "把酒"句：举起酒杯问天上的嫦娥：怎么办呢，白发日渐增多，欺负我拿它没有办法。把酒：举起酒杯。姮（héng）娥：即嫦娥，传说中的月中仙女。被白发，欺人奈何：化用薛能《春日使府寓怀》"青春背我堂堂去，白发欺人故故生"之意。被：通"披"。

[5] "乘风"句：乘着风正好飞上那万里高空，俯瞰大好河山。

[6]"斫去"句：砍去月宫里枝叶摇曳的桂树，因为人们都说，这样会使月光更加清澈明亮，洒向人间的光辉更多。斫（zhuó）：砍。桂：桂树。婆娑（suō）：树影摇曳的样子。

【赏析】

据词题可知，这首词写于淳熙元年（1174年）中秋夜，辛弃疾时任江东安抚司参议官。此时，辛弃疾已南归十二年了，在这十二年中，他多次上书建言，主张抗金，但一直未被采纳。虽常怀为国效力的雄心壮志，却无处施展，只能以诗词来抒发自己的心愿。

上片描写中秋之夜，月光明亮，举起酒杯问天上的嫦娥，功业无成、白发已多，该怎么办呢？抒发怀才不遇、壮志难酬的悲愤之情。下片作者通过自己的想象，乘着风飞上万里长空，俯瞰壮美河山，还幻想砍去枝叶摇曳的桂树，让月光更明亮。含蓄地表达希望清除议和派的阻碍，取得抗金和收复中原的胜利，实现多年来的政治理想。整首词通过中秋夜景、神话传说及自己的想象，把超现实的奇思妙想与现实中的思想矛盾结合起来，抒发对国家兴亡的忧虑和对个人命运的感慨，体现了浓厚的浪漫主义色彩。

（入选部编语文教科书九年级下册）

永遇乐·京口北固亭怀古 [1]

千古江山，英雄无觅，孙仲谋处 [2]。舞榭歌台，风流总被，雨打风吹去 [3]。斜阳草树，寻常巷陌，人道寄奴曾住 [4]。

想当年，金戈铁马，气吞万里如虎[5]。

元嘉草草，封狼居胥，赢得仓皇北顾[6]。四十三年，望中犹记，烽火扬州路[7]。可堪回首，佛狸祠下，一片神鸦社鼓[8]。凭谁问：廉颇老矣，尚能饭否[9]？

【注释】

[1] 永遇乐：词牌名。京口北固亭怀古：这首词的题目。

[2] "千古"句：历经千载万代的江山，无处寻找像孙权那样的英雄人物。孙仲谋：三国时期吴国开国皇帝孙权，字仲谋，曾建都京口。

[3] "舞榭"句：昔日的舞榭歌台还在，而那些风流英雄人物却已随着时间的推移而消逝了。舞榭歌台：指演出歌舞的台榭，这里代指孙权故宫等历史遗迹。风流：指英雄人物的功绩和风采。雨打风吹：指岁月消磨、历史沧桑。

[4] "人道"句：人们说那里是刘裕曾经住过的地方。寄奴：南朝宋武帝刘裕，字德舆，小名寄奴。

[5] "想当"句：遥想当年，刘裕率领装备精良的军队，两次北伐，气势宏大，仿佛能够吞并万里江山。

[6] "元嘉"句：元嘉帝刘义隆草率地兴兵北伐，想建立汉代霍去病追击匈奴至狼居胥山那样的不朽功业，却落得仓皇北顾，败退而归。元嘉：南朝宋文帝刘义隆的年号。草草：轻率，鲁莽。封狼居胥：汉武帝元狩四年（前119年）霍去病远征匈奴，在漠北之战中大胜，随后在狼居胥山举行祭天封礼，以此彰显汉朝的强盛和自己的战功。后来这一成语被用来形容英雄人物的英勇事迹和卓越功勋。赢得：剩得，落得。

[7] "四十三"句：南归已有四十三年了，眺望北方时仍旧记得，当年扬州一带战火纷飞的景象。四十三年：辛弃疾于绍兴三十二年（1162年）南归，这首词写于开禧元年（1205年），正好相隔四十三年。

[8] "可堪"句：怎么能回首啊，当年拓跋焘的行宫外，乌鸦的鸣叫声应和着敲打社鼓的喧闹声。佛（bì）狸祠：佛狸，北魏太武帝拓跋焘的小名。拓跋焘率兵击败王玄谟的军队后，在瓜埠山上建立行宫，后称佛狸祠。神鸦：指在庙里吃祭品的乌鸦。社鼓：祭祀时的鼓声。

[9] "凭谁"句：还有谁会询问，廉颇将军已经老了，他的身体是否强健如故，是否还能像当年那样英勇善战？廉颇：战国时赵国名将。

【赏析】

这首词写于开禧元年（1205年），这年辛弃疾已经六十六岁，任镇江知府。此时，朝中韩侂胄当政，积极筹划北伐，但由于准备不足和轻敌冒进，开战不久，宋军就多路遇挫。辛弃疾登临北固亭，凭高望远，抚今追昔，心中感慨万千，于是写下了这篇传唱千古之作。

词的上片借景抒情，登高远望，看着历经千古的江山，想到三国孙权占据东南，击退曹军；南朝刘裕率兵北伐，收复失地，感叹如今无处寻觅这样的英雄人物。以古照今，表达了对南宋主战派的期待和对主和派的讽刺。下片引用南朝刘义隆草率北伐，落得失败的下场，劝告韩侂胄应吸取历史教训，在北伐抗金之事上要慎重。接着说这四十三年来从未忘记当年扬州一带的战乱场景，也从未改变收复中原的决心。最后，以廉颇自比，表达自己为国效力的强烈愿望和年华老去、壮志未酬的慨叹。全词用典使事，贴切自然，词风沉郁顿挫、悲壮苍凉，写景、叙事、议论、抒情融为一体，充分体现了辛词的重要特点，也传达出作者壮志犹存、报国无路而深感悲愤的复杂情绪，具有动人心弦的力量。

（入选部编高中语文教科书必修上册）

综合知识演练

一、填空题

1. 辛弃疾出生于宋高宗绍兴十年，即公元 1140 年 5 月 28 日，原字_____，后改字_____，号_____，山东东路济南府历城县人。南宋豪放派词人、将领，有"_____"之称。

2. 辛弃疾与_____合称"苏辛"；与_____并称"济南二安"。

3. 辛弃疾出生于金朝，少年抗金归宋，曾写了不少有关抗金北伐的建议，比如_____、_____，条陈战守之策。

4. 宋宁宗开禧三年（1207 年），辛弃疾病逝，享年六十八岁。后追赠_____，谥号_____。

5. 第一次鹅湖之会是指南宋淳熙二年（1175 年）六月，_____、_____、_____、_____等人的集会。第二次鹅湖之会是指南宋淳熙十五年（1188 年）冬季，_____与_____在鹅湖寺的集会。

6. 卯时是指早晨_____点到_____点，是太阳初升之时，所以又名日出、日始、破晓、旭日，象征着光明与希望。这个时间也是古代官署开始办公的时间，所以官员到衙查点人数称"_____"。

7. 汉代《匈奴歌》："失我祁连山，使我六畜不蕃息。失我焉支山，使我嫁妇无颜色。"其中"六畜"指的是_____、_____、_____、_____、_____、_____。

8. 汉武帝元狩四年（前119年），进行了一次距离中原最远、规模最大也最艰巨的战役是_____。此战中_____率五万骑兵深入漠北，最终汉军取得全面胜利，彻底歼灭匈奴主力，并乘胜追击匈奴至狼居胥山并在此地设坛祭天行封礼以告功成，"_____"就此成为武将的最高荣耀。

9. 靖康之变是指靖康二年（1127年）金朝南下攻取北宋都城_____，掳走_____、_____二帝，导致北宋灭亡的历史事件。

10. "遗民泪尽胡尘里，南望王师又一年。"这句诗出自宋代诗人_____的《_____》，诗中"遗民"是指_____；"胡尘"是指_____；"王师"是指_____。

11. "南宋四名臣"_____、_____、_____、_____，曾多次上书陈说抗金大计，却从未被采纳。

12. "登东山而小鲁，登泰山而小天下。"这句话出自_____，意思是：_____。

13. "妇姑荷箪食，童稚携壶浆，相随饷田去，丁壮在南冈。"这句诗出自唐代诗人_____的_____，诗中"荷"是指_____；"箪食"是指_____；

"饷田"是指_____。

14. "士不可以不弘毅，任重而道远。"这句话出自_____，意思是_____。

15. "横槊赋诗"的典故出自《三国演义》第四十八回，讲的是_____的故事。

16. "竹林七贤"是指魏晋时期的七位杰出文人，他们分别是_____、_____、_____、_____、_____、_____、_____。

17. "风萧萧兮易水寒，壮士一去兮不复还。"这句诗的故事背景是_____在易水河边送别_____去刺杀秦王。

18. "何须浅碧深红色，自是花中第一流。"出自宋代女词人_____赞美_____的咏物词_____。

19. "一旦归为臣虏，沈腰潘鬓消磨。"出自李煜的《破阵子》，其中"沈"指的是南朝梁_____，他因病日渐消瘦，以至于腰带渐宽；"潘"指的是西晋_____，他的鬓发在中年时就已经斑白。后来常用"沈腰潘鬓"形容_____。

20. "东南形胜，三吴都会，钱塘自古繁华。烟柳画桥，风帘翠幕，参差十万人家。"这句词出自北宋柳永的《望海潮》，生动描绘了_____的位置之重要、历史之悠久、风景之优美。其中"三吴"指的是_____、_____、_____三郡；"钱塘"是古代吴国郡名，即今天的_____。

21."壮岁旌旗拥万夫，锦襜突骑渡江初。燕兵夜娖银胡䩮，汉箭朝飞金仆姑。"出自辛弃疾的《鹧鸪天·有客慨然谈功名，因追念少年时事，戏作》，前两句回忆了他_____的英勇事迹，展现了他对那段往事的自豪与怀念。后两句通过_____，抒发了他对现实处境的感慨与无奈。

22."忠言逆耳利于行，毒药苦口利于病。"这句话出自_____，是_____对_____说的。

23.《醉翁亭记》是一篇优美的散文，描写了滁州一带朝暮四季自然景物的幽深秀美，展现了作者对山水美景的陶醉。其中"醉翁"指的是_____；"记"是_____。

24."把吴钩看了，栏杆拍遍，无人会，登临意。"出自辛弃疾的《水龙吟·登建康赏心亭》，其中"吴钩"指的是_____。

25.辛弃疾的《水龙吟·登建康赏心亭》："休说鲈鱼堪脍，尽西风，季鹰归未？求田问舍，怕应羞见，刘郎才气。可惜流年，忧愁风雨，树犹如此！倩何人唤取，红巾翠袖，揾英雄泪！"这首词引用了三个人的典故，分别是_____、_____、_____。

26.辛弃疾的《破阵子·掷地刘郎玉斗》："掷地刘郎玉斗，挂帆西子扁舟。千古风流今在此，万里功名莫放休。君王三百州。燕雀岂知鸿鹄，貂蝉元出兜鍪。却笑泸溪如斗大，肯把牛刀试手不？寿君双玉瓯。"这首词引用了五个人的典故，分别是_____、_____、_____、

_____、_____。

27. 辛弃疾曾三次到江西任职，第一次是_____，第二次是_____，第三次是_____。

28. 辛弃疾的《南乡子·登京口北固亭有怀》中有"何处望神州？满眼风光北固楼"之句，表达了对_____的渴望。

29. 辛弃疾现存词_____多首，有词集_____等传世。

30. 辛弃疾在起义抗金时，曾擒拿叛徒_____，并将其带回南宋朝廷处决。

31. 辛弃疾的《破阵子·为陈同甫赋壮词以寄之》中，"醉里挑灯看剑，梦回吹角连营"描绘了词人对_____的怀念。

32. 辛弃疾曾在_____任提点刑狱，并在此期间创建了"飞虎军"。

33. 辛弃疾在《永遇乐·京口北固亭怀古》一词中提到了多位历史人物，其中有_____、_____、_____等（列举三个即可）。

34. 辛弃疾的《西江月·夜行黄沙道中》描绘了_____（季节）的田园风光。

二、选择题

1. 以下哪些作品是辛弃疾的代表作？（　　　）（多选）

A.《青玉案·元夕》　　B.《永遇乐·京口北固亭怀古》

C.《念奴娇·赤壁怀古》　　D.《声声慢·寻寻觅觅》

2. 辛弃疾曾任哪些官职？（　　　）（多选）

A. 尚书右丞　　B. 湖南安抚使

C. 枢密使　　D. 江西提刑

3. 以下哪些人物与辛弃疾同时代？（　　　）（多选）

A. 李清照　　B. 刘克庄　　C. 陆游　　D. 姜夔

4. 辛弃疾在词中曾引用哪些历史人物和典故来表达自己的政治抱负？（　　　）（多选）

A. 刘裕北伐　　B. 封狼居胥

C. 卧薪尝胆　　D. 廉颇老矣

5. 以下哪些作品表达了辛弃疾的爱国情怀？（　　　）（多选）

A.《菩萨蛮·书江西造口壁》

B.《浣溪沙·一曲新词酒一杯》

C.《如梦令·常记溪亭日暮》

D.《南乡子·登京口北固亭有怀》

6. 辛弃疾的词风具有以下哪些特点？（　　　）（多选）

A. 清新自然　　B. 细腻温婉

C. 豪放不羁　　D. 哀婉凄切

7. 辛弃疾的哪些作品描绘了田园风光？（　　　）（多选）

A.《西江月·夜行黄沙道中》　　B.《鹧鸪天·代人赋》

C.《清平乐·村居》　　D.《鹊桥仙·己酉山行书所见》

8. 辛弃疾的哪些作品表达了对纯真爱情的向往？（　　　）（多选）

A.《青玉案·元夕》

B.《菩萨蛮·书江西造口壁》

C.《祝英台近·晚春》

D.《南乡子·登京口北固亭有怀》

9.辛弃疾在哪些地区担任过官职并有所作为?(　　)
（多选）

A.江西　　B.四川　　C.湖南　　D.广东

10.以下哪一项最能概括辛弃疾《南乡子·登京口北固亭有怀》一词中的主旨情感?(　　)

A.对个人遭遇不幸的深深哀叹

B.对历史兴衰更迭的感慨及对收复失地的渴望

C.对田园宁静生活的向往与赞美

D.对朋友离别的依依不舍之情

11.辛弃疾的籍贯是哪里?(　　)

A.山东济南　　B.浙江杭州

C.江苏苏州　　D.江西上饶

12.辛弃疾的词集名为(　　)

A.《漱玉词》　　B.《带湖集》

C.《乐章集》　　D.《稼轩长短句》

13.《青玉案·元夕》中,"东风夜放花千树,更吹落、星如雨"描写的是哪个节日的景象?(　　)

A.春节　　B.元宵节　　C.中秋节　　D.端午节

14.辛弃疾的《破阵子·为陈同甫赋壮词以寄之》中,"了却君王天下事,赢得生前身后名"表达了作者怎样的志向?
(　　)

A.建功立业　　B.归隐田园

C.追求爱情　　D.修身养性

15. 辛弃疾的《西江月·夜行黄沙道中》中，"明月别枝惊鹊，清风半夜鸣蝉"描写的是哪个季节的景象？（　　　）

A．春季　　B．夏季　　C．秋季　　D．冬季

参考答案

一、填空题

1. 坦夫　幼安　稼轩　词中之龙

2. 苏轼　李清照

3.《美芹十论》《九议》

4. 少师　忠敏

5. 朱熹、吕祖谦、陆九龄、陆九渊；辛弃疾　陈亮

6. 五　七　点卯

7. 马、牛、羊、鸡、狗、猪

8. 漠北之战　霍去病　封狼居胥

9. 东京开封　宋徽宗、宋钦宗

10. 陆游　《秋夜将晓出篱门迎凉有感（其二）》　在金人占领区生活的汉族人民　金人的铁蹄践踏扬起的尘土　天子的军队

11. 李纲、赵鼎、李光、胡铨

12.《孟子·尽心上》　孔子登上东山后，觉得鲁国变小了，登上泰山后，觉得天下变小了

13. 白居易　《观刈麦》　背负，肩担　装在箪笥里的饭食　给在田里劳动的人送饭。

14.《论语·泰伯》　读书人不可以不宏大刚强而有毅力，

26

因为责任重大且道路遥远

15. 曹操

16. 嵇康、阮籍、山涛、向秀、刘伶、王戎、阮咸

17. 燕太子丹　荆轲

18. 李清照　桂花　《鹧鸪天·桂花》

19. 沈约　潘岳　一个人因为过度忧虑和痛苦而导致身体消瘦、头发斑白。

20. 杭州　吴兴、吴郡、会稽　杭州

21. 青年时期领导抗金义军　对比今昔

22.《史记·留侯世家》　张良　刘邦

23. 欧阳修　古代的一种文体

24. 吴地所造的弯刀

25. 西晋张翰、三国刘备、东晋桓温

26. 秦末刘邦、春秋西施、秦末陈胜、南齐周盘龙、春秋孔子

27. 淳熙二年（1175 年）　淳熙五年（1178 年）　淳熙八年（1181 年）

28. 收复失地

29. 六百　《稼轩长短句》

30. 张安国

31. 军旅生活

32. 江西

33. 刘裕、孙权、廉颇

34. 夏夜

二、选择题

1.AB   2.BD   3.CD   4.ABD   5.AD   6.BC

7.ABCD   8.AC   9.AC   10.B   11.A   12.D

13.B   14.A   15.B

一册在手，知识全有。
考点吃透，提分不愁。

赠阅

中打探消息，一边进行详细的战斗部署。

"辛某带兄弟们同来，自然也想带兄弟们同归，所以我们要保证每一个步骤都万无一失，也要保证回程的顺畅。从此地开始的沿线，这儿，这儿，这儿，我们安排人接应，其余人等与我直扑济州大营。"辛弃疾一边低声说，一边以树枝画地，最后在象征济州大营的大石子周围重重地画了一个圈。

打探消息的人回来禀告，当夜张安国要在济州大营参加宴会。

辛弃疾兴奋地说："真乃天助我也！记住，我们要生擒张安国，将他带出金营。不到万不得已，也就是说不到无法脱身的程度，千万不能杀他。"

当志得意满的张安国与金人在大帐中觥筹交错、醉生梦死的时候，丝毫不知巨大的危险正在降临。

再次上马前，辛弃疾等人先是摘了马铃，在马蹄上包了棉布，又紧好辔（pèi）头，取出布带缠住马嘴，防止它们发出嘶（sī）鸣之声。然后每人取出一根"枚"，横着含在嘴里。"枚"是像筷子一样的小木棍，古代军队秘密行动时士兵口中衔（xián）枚，防止下意识张口说话被敌人发觉。成语"钳马衔枚"说的就是辛弃疾他们这天晚上的状态。

乘着夜色，辛弃疾以手势代替语言指令，带领这支队形紧凑的偷袭队伍神不知鬼不觉地潜入了金人的大营，随机抓了个"舌头"，问清张安国所在的方位。

看到辛弃疾犹如天降神兵般出现在面前，张安国整个人都是蒙的，甚至忘了抵抗。

在杯盘碗盏的碎裂声中，在帐下美人的尖叫声中，张安国想不明白，辛弃疾怎么敢只带着几十个人就冲进拥有五万兵众的金军大营？

他也想不明白，刚刚经历了六百里长途奔袭的辛弃疾，怎么能如此精准地摸进了自己的大帐。

他更加不明白的是，自己怎么就被辛弃疾三下五除二用绳子捆了个结结实实，用布团塞了嘴巴，随手丢上马背，然后果断地砍倒几个意欲阻拦的金兵，顺利地出了金营。

还没到三月，旷野上的夜风是寒凉的。风驰电掣（chè）中，被从温暖大帐中抓出来的张安国瑟瑟发抖。发抖的是他的身体，也是他的心。张安国不知道辛弃疾会将他带往何方，他还记得人们说起辛弃疾手刃义端时的孔武有力和冷血无情。

历尽艰险，昼夜兼程，从山东西路向南疾驰，甚至一昼夜未曾停马进食，辛弃疾等人才摆脱了金人的追赶。抵达淮河边休息时，许多人的双腿都已不听使唤，几乎是直接从马上摔下来的。

辛弃疾晚年词作《鹧鸪（zhè gū）天·有客慨然谈功名，因追念少年时事，戏作》回忆的就是这件事："壮岁旌旗拥万夫，锦襜（chān）突骑渡江初。燕兵夜娖（chuò）银胡䩮（lù），汉箭朝飞金仆姑。"

比辛弃疾年长十七岁的著名文学家洪迈在《稼轩记》中说："余谓侯本以中州隽人，抱忠仗义，章显闻于南邦。齐虏巧负国，赤手领五十骑，缚（fù）取于五万众中，如挟菟（chán）兔。束马衔枚，间关西奏淮，至通昼夜不粒食。壮声英概，懦士为之兴起。"

到了南宋晚期，志士谢枋得也在《祭辛稼轩先生墓记》中说："耿京死，公家比者无位，尤能擒张安国归之京师，有人心天理者，闻此事莫不流涕（tì）。"

辛弃疾等人将张安国直接送往建康，进献于皇帝行宫。后来廷尉审理此案，张安国认罪服法，被斩杀于闹市之中。

辛弃疾的胆略和勇猛再度赢得了人们的钦敬，从前义军中的数千人也在他的感召下相继南渡，回到南宋。

张安国伏诛后，辛弃疾一个人来到长江边祭奠耿京。

"耿帅！大哥！你没有看到这一天，终究没有渡过这宽阔的大江，未来我定要替你恢复山河！"

辛弃疾徐徐洒酒。

一樽（zūn）酹（lèi）江月，一樽酹耿兄！

读故事 学知识

斩钉截铁

形容说话或行动坚决果断，毫不犹豫。

出自《景德传灯录》卷十七："师谓众曰：'学佛法底人，如斩钉截铁始得。'时一僧出曰：'便请和尚钉铁。'师曰：'口里底是什么？'"意思是，师父对僧众们说："修学佛法的人，必须像斩钉截铁般果断坚决才行。"这时，有个僧人站出来说道："那就请师父来钉铁吧。"师父反问："你嘴里说的是什么？"这里面对僧人的质疑，师父没有直接回答，而是以反诘来点化僧人不要执着于文字表面，而应反观自心，领悟修行真谛。

天生我材必有用，千金散尽还复来。

出自唐代李白的《将进酒》，意思是天地既然造就了我的才能，必然有它的用处；即使千两黄金花完了，以后还是会重新获得的。这句诗体现了李白乐观、洒脱的性格，也含有一种怀才不遇的愁绪，以及渴望建功立业的积极态度。

雪中送炭

指在寒冷的大雪天给人送来木炭取暖。比喻在人困难的时候伸出援手相助。

出自宋代范成大的《大雪送炭与芥隐》："无因同拨地炉灰，想见柴荆晚未开。不是雪中须送炭，聊装风景要诗来。"大致意思是，在大雪纷飞的冬季，范成大想到朋友芥隐住所简陋，也许需要炭火抵御严寒，于是就决定送炭给芥隐。

分道扬镳

指分路而行。比喻志趣目的不同而分别行事。

出自《魏书·河间公齐传》。南北朝北魏孝文帝时，有一天洛阳令元志乘车出门，路上与御史中尉李彪相遇。李彪的官职高，原本元志应主动让路。可是元志颇有才能，且他的父亲曾经救过皇帝的性命，他在孝文帝面前很有些威信。因此，元志和李彪谁也不肯让路，最后只好一起来见孝文帝，让皇帝公断。孝文帝也难以评判是非，就说："高祖曰：'洛阳，我之丰沛，自应分路扬镳。自今以后，可分路而行。'"意思是，高祖说："洛阳对我来说，就像我的故乡一样，所以应该在这里分道而行，各走各的路；从今往后，你们就可以分别沿着不同的道路前进了。"自此，元志与李彪每每出门，分别占用一半道路。

初入朝堂

官居下僚始填词

从奉表南归到生擒张安国，再到带着张安国南渡长江回到建康，二十三岁的辛弃疾正式开始了他在南宋的生活。

奉表南归时，宋高宗授给辛弃疾一个右承务郎的虚衔。辛弃疾正式南归后，因为献俘有功，又被授予江阴签判的实职。

签判，是宋代各州、府选派京官充当判官时的称呼，全称是"签书判官厅公事"。江阴签判的具体职责是处理各种案件和起草、书写来往公文，协助知军处理地方政务等。虽然江阴签判只是从八品，但在地方却算得上是比较重要的官员了。

直到站在江阴的土地上，辛弃疾也没想明白为什么皇帝会将他安排到江阴任职。是因为正好江阴有空缺，还是因为自己的夫人祖籍江阴？

从少时就研习兵法的辛弃疾，懂得未雨绸缪（móu）的道理，早在计划从海州北上突袭金人营帐擒拿张安国之时，辛弃疾就想好了得手后撤退的路线，同时安排家人即刻南下的诸项事宜。因此他的夫人赵氏带着两个年幼的儿子也顺利来到了南方，并随着辛弃疾回到了自己的祖籍江阴。

山南水北为阳，山北水南为阴。江阴因地处长江以南而得名，在商朝末年就已建城。

初到江阴，来自北方的辛弃疾第一次体会到了不被金人和战乱袭扰的日子，也第一次感受到了不一样的风土人情。

临江的一处酒楼，赵氏家族的旧亲热情地为辛弃疾一家接风。

"幼安啊，我们江阴紧临长江，不但有美景，还有美食。你来尝尝这河豚（tún）。刀鱼、河豚、鲥（shí）鱼号称'长江三鲜'，尤其是这河豚，虽说有毒却味道鲜美，生死全在厨师的烹饪（pēng rèn）手法，所以有'拼死吃河豚'之说。咱江阴可是最早吃河豚的地方。"

江阴河豚的确有名。南宋太平老人所著的《袖中锦》开篇就提到了江阴河豚："天下第一：监书、内酒、端砚、洛阳花、建州茶、蜀锦、定磁、浙漆、吴纸、晋铜、西马、东绢、契丹鞍、夏国剑、高丽秘色、兴化军子（jié）鱼、福州荔眼、温州挂、临江黄雀、江阴县河豚、金山咸豉、简寂观苦笋、东华门把鲝（zhǎ）、京兵、福建出秀才、大江以南士大夫、江西湖外长老、京师妇人，皆为天下第一，他处虽效之，终不及。"

辛弃疾笑道："这江阴的确是有美景有美食，就连我这一路听来的方言也是别有一番味道。"

赵家族兄说："对对对，你们做官的人要讲官话，听说是以开封话和洛阳话为标准。咱江阴在春秋时期地属吴国，这语言也是吴语。虽然江阴话与苏州一带的吴侬软语相比略显刚硬，却也是好听得紧。"吴语的确让辛弃疾感到无比新奇，念念不忘，以致他后来在词作中特别书写了"醉里吴音相媚好"。

"幼安啊，你从山东来，那里是齐鲁之地、礼仪之邦，我们能把你迎来江阴实在是万分荣幸啊！"

"不敢不敢，我也是随着前人的脚步来的。江阴在春秋时期是吴国公子季札（zhá）的封地，季札的贤名和前往鲁国观乐的事儿，我可是小时候就在《左传》里读过的！"季札又称公子札，是春秋时吴王寿梦的第四子，所以人们也将他的封地和排行放在一起称他为"延陵季子"。季札品德高尚、学识渊博，是一位著名的政治家和外交家。

族兄笑道："既然说起延陵季子，我们可以一起去拜谒

（yè）季札墓。江阴除了是季札的封地，也是楚国春申君黄歇的封地，黄歇的墓也在这儿。"

"酒圣杜康的墓、三国大将凌统的墓都在江阴。"一个十五六岁的年轻人插话道。

"是啊，江阴值得游览的地方很多。看水有舜过井、虎跑泉、广济泉，看山有秦望山、观山、绮山、花山、定山，顾山上还有梁代昭明太子萧统亲手种植的红豆树。"说起江阴，土生土长的江阴人很是自豪。

辛弃疾拱手致谢道："既然来到江阴，来了内子的家乡，有各位亲人眷顾，这些地方我自然是都要去看看的，此刻最想看的倒是我朝兴建的文庙和兴国塔。"

"好说好说，饭后就去！"族兄快人快语。

江阴文庙。

"前边就是文庙了。我朝之前，江阴没有文庙，也不知学子们都去哪里祭祀你那山东同乡孔夫子。我朝之初，在观风门外修建过文庙。景祐（yòu）年间，范宗古担任江阴知军，觉得文庙离郡狱太近，不利于学子学习且地方过于窄小，就重新选址在治所东南重建文庙。文庙建好后，也就是景祐三年（1036年），当时担任苏州知州的范仲淹还写了一篇《景祐重建至圣文宣王庙记》。庙前有碑刻，可以一观。"

"成均博士范公宗古之守江阴也，谨明明，挺至诚，黥（qíng）豺（chái）狼之凶，礼刍（chú）尧（yáo）之善；废典皆举，积诉咸辨；清风以下，人则笑歌，阳春之来，物自鼓舞。"默念着石碑上范仲淹的词句，辛弃疾心想，自己虽然官职低微，但一样可以为"礼乐行乎庙中，风教行乎化下"做点贡献。

行至兴国塔下，赵氏族兄介绍道："这兴国塔始建于太宗太平兴国（976—984 年）年间，总共七层，就是人们常说的七级浮屠。"

辛弃疾仰头看看塔尖，又走近摸摸塔基，说："到现在已经快两百年了，这砖木结构看上去还结实得很哪！"

"幼安？请问兄台可是济南辛幼安？"身侧一位身着白衣的男子一边向辛弃疾施礼，一边有些急切地发问。

听着熟悉的北方口音，辛弃疾不禁好奇起来："请问兄台如何称呼？"

"在下范如山，家父蔡州范邦彦。"范邦彦就是绍兴三十一年（1161 年）开城门以迎王师的那位蔡州新息县令。

辛弃疾立刻上前拉住他的胳膊，道："原来是范兄！失敬，失敬！弃疾何德，竟能与范兄有此奇遇！"

"幼安兄何出此言！家父献城后率全家南徙（xǐ），定居于京口。能在此处得遇幼安兄，是范某之幸。"范如山爽快地大笑。

"那范兄此来江阴……"辛弃疾问。

"'延陵古邑、春申旧封'之地多有可观，更何况东坡居士说：'蒌蒿（lóu hāo）满地芦芽短，正是河豚欲上时。'如今芦芽已长，我欲品江阴河豚，乃幸有此会！"

辛弃疾道："待我与族兄告别，再与范兄痛饮！"

辛弃疾与年长他十岁的范如山相谈甚欢，就此结为好友。

江阴富庶（shù）而安宁，辛弃疾任上也无大事发生。

这一年的夏天，在位三十六年的宋高宗将皇位禅（shàn）让给了自己的养子赵昚（shèn）。赵昚就是宋孝宗。

听说宋孝宗执政后立刻起用主战名将张浚准备北伐，辛弃疾十分兴奋。

"官人少喝几杯吧，再高兴也不能这样，孩子还看着呢！"赵氏向着辛弃疾含笑劝道。

辛弃疾夹起一只肉丸喂给大儿子，又抱起幼子置于膝上说："夫人，我高兴啊！当初杜甫听说官军收复了河南河北，不就说了：'白日放歌须纵酒，青春作伴好还乡。'我此刻的心情与他一样，得喝点酒啊。杜甫规划回家的路线得沿着占领区走，'即从巴峡穿巫峡，便下襄阳向洛阳。'我呢，可以自己提枪上马打回去！"

赵氏把小儿子抱回怀里说："可你现在是个文官啊！"

辛弃疾眼神暗了暗说："只要官家北伐，我不信他会想不起来我这个熟悉北方情况的人。到时我又可以顶盔掼（guàn）甲、带兵打仗了，让山东、让北方不再被金人践踏！"

辛弃疾怀揣着美好的憧憬（chōng jǐng）与希望，想带着妻儿再回北方。遗憾的是，没过多久夫人赵氏就病逝了。

时间过得很快，转眼就到了宋孝宗隆兴元年（1163 年）的立春。

立春是农历二十四节气中的第一个节气，也是春季的第一天。在宋代，立春是一个重要的节气，也是一个重要的节日，民间有丰富多彩的活动，比如打春牛、剪彩花、宴饮交游等。

望着吐露勃勃生机的初春景象，茕（qióng）茕孑立的辛弃疾提笔填了一首《汉宫春·立春日》。

春已归来，看美人头上，袅（niǎo）袅春幡。无端风雨，未肯收尽余寒。年时燕子，料今宵梦到西园。浑未办，黄柑（gān）荐酒，更传青韭（jiǔ）堆盘？

却笑东风从此，便薰梅染柳，更没些闲。闲时又来镜里，转变朱颜。清愁不断，问何人会解连环？生怕见花开花落，朝来塞雁先还。

家中没有女主人，也没有什么过节的心情和气氛，"黄柑荐酒""青韭堆盘"都没有，只能看别人家热热闹闹地庆祝。虽然正值青年，可是青春易逝，辛弃疾不知道自己何时才能实现仗剑北伐的梦想。

吹干纸上的墨迹，辛弃疾想起夫人赵氏曾说："官人，对不住，当初从老家出来得匆忙，你从前的词作竟一首都没有带出来。"而自己回她说："无妨，都是年少时为赋新词所做的矫揉（róu）造作之语，本也不好给人看。相信你夫君，将来定会写出更好的。"

立春之后，很快就是夏天，张浚北伐兵败符离被罢官。七月，一向主张和议的汤思退成了新任丞相。

辛弃疾觉得自己的北伐之路愈加渺茫。他想起了第二次奔赴燕山的时候，自己立于山之高处，不自觉地在疾风中吟唱陈子昂的名篇《登幽州台歌》的情形。

前不见古人，

后不见来者。

念天地之悠悠，

独**怆**（chuàng）然而涕下。

幽州台是燕昭王为招纳天下贤士而建的黄金台。陈子昂这首诗表达的是自己怀才不遇的孤独与苦闷，辛弃疾同情陈子昂，也不希望自己重走他的老路。

万字平戎策

辛弃疾任职江阴，范如山家居京口，两地相距不远，二人的交往愈发频繁起来。

辛弃疾的人品和丧妻后的处境，范如山全部看在眼里，于是忍不住对他说："幼安兄，你我相交日久，彼此投契。家父赏识你的为人，你也常赞家父大义。如今尊夫人过世，两个幼子无人看顾。我家小妹自幼受家父亲自教诲，不敢说是女中英豪，却也算得上知书达理。如蒙不弃，我范家愿与君结秦晋之好。"

一直以来，辛弃疾不仅对范邦彦的人品大为敬服，同时与范如山相知相惜，自然不会拒绝范家的好意。

于是在依礼为夫人赵氏守丧一年之后，辛弃疾续娶了第二任夫人范氏。范氏为辛弃疾生儿育女、操持家事，两人一生恩爱有加。再后来，辛弃疾又与范如山结为了儿女亲家。

虽然从朋友变成了妻舅与妹夫，辛弃疾与范如山的交往方式还是一如从前般自在。

"幼安，你听说了吗，张浚去世了。"范如山人还在院子里，声音就传进了辛弃疾的书房。

辛弃疾一边起身让座，一边说："我听说了。"

范如山坐下，给自己倒了杯茶。

"这张浚也是命不好。他本是西汉留侯张良、唐朝开元时期名相张九龄之弟张九皋（gāo）的后人，系出名门，可是四岁那年父亲就去世了。他自少品行端正，熟人都说必成大器。

"徽宗政和八年（1118 年），他中进士时，只有二十一岁。绍兴七年（1137 年）他任右相期间，派兵部尚书吕祉（zhǐ）去淮西军中做监军。当时担任中书舍人、早年追随过丞相李纲的张焘（tāo）对他说，吕祉是一介书生，不了解军队里的事，不可轻易将这么重要的事情托付给他。但张浚没听张焘的建议，结果吕祉去了军中，矛盾激化，郦（lì）琼等人发动'淮西兵变'杀了吕祉，带领全军四万余人裹胁百姓十余万投降金人傀儡伪齐政权。

"那个郦琼你知道吧？他曾经是宗泽老将军的部下，击刺骑射俱佳。后来伪齐被废除，郦琼又成了金朝的骠骑大将军。完颜宗弼（bì），就是金兀术（wù zhú），很喜欢郦琼，与他结为知己，收复河南以后就让郦琼管理亳州事务，也算是重用了。"

辛弃疾接话道："这郦琼我没见过，但他的儿子郦权曾与我同在刘瞻先生的书院读书。那时就听说郦权的父亲是山东路弩（nǔ）手千户、亳州的知州，我祖父就是他治下谯县的县令。郦琼现在如何我不知道，但听说郦权如今已是金国有名的诗人了。"

范如山"哦"了一声，继续说道："说回张浚，咱们这位魏国公年长我们三四十岁，当年在汴京城中亲眼看着徽、钦二帝被金人掳走时正值而立之年，见皇族受辱、生灵涂炭，誓不与金贼共存。后来凡国有危难之时必挺身而出，其他人畏避退缩之时，他老人家一定慨然前行，从不计较死生，最厌恶的就是和谈。所以后来不得太上皇的欢心，屡次被贬。"范如山口中的太上皇就是宋高宗赵构。

"绍兴三十一年，就是完颜亮率兵南下的那一年，也是幼安你聚众起义和家父开城门迎接王师的那一年，张公已经六十四岁了。那年正月金军南犯，太上皇一直犹豫到底用不用张公，一直拖到十月，才把他派到潭州又派到建康。可当他十二月下旬到任时，'采石之战'已经结束，完颜亮也已被部下杀死，两淮金军都开始退兵了。太上皇认为战事大体平息，也就不再重用张公了。直到第二年五月，才让他全面负责江淮防务。等到太上皇退位，官家即位，因为想要进攻金朝收复中原，立刻就恢复了他的枢密使之职，又封为魏国公，命他率军北伐。据说官家曾跟张公说，如今朝廷能依仗的只有您了，我倚靠您就如同倚靠长城。后来的事你都知道了，张公先是收复了宿州等地，后来因为部下将领不和，兵败符离。秦桧党羽汤思退被任为右相兼枢密使，开始议和。

"今年是隆兴二年（1164 年），三月份张浚还奉诏巡视淮上，积极部署抗金事宜。可是四月就被召回朝。汤思退等人群起攻击张浚北伐误国，力主和议。官家摇摆不定，罢黜（chù）了张公，还下令撤防，派人与金议和。老人家感到抗金无望，即求致仕，许是内心焦虑，这不，八月就病逝了。"古代官员退休辞官称"致仕"。

辛弃疾心生怅然，道："刚刚南归的那一年，隆兴北伐前，我曾经上书给张公，谈分兵攻金人之策，但是没有被张公采纳。"

"如今'隆兴和议'已成，依旧是割地、赔款，金宋皇帝以叔侄相称，官家竟然答应向金人皇帝自称侄儿……"范如山又是一声长叹。

转过年来，二十六岁的辛弃疾江阴签判任满，升任广德军通判。通判的职责和签判差不多，此时辛弃疾带着家眷从江阴来到了建康。

建康就是今天的南京，位于长江边上，可以看到滔滔江水。然而，每每看到滔滔江水，辛弃疾都想快点打回北方去。

江阔云低，秋风正起。范如山来探望辛弃疾。

范如山走进门的时候，辛弃疾正在整理桌案上的手稿。

"手上是什么？可否给我看看？这厚厚的一沓纸，得写多久啊！毛笔用秃了几支？"范如山一边笑，一边绕过书案走到辛弃疾的身旁。

辛弃疾将最上边的几页递过去，"舅兄说笑了，你就是不说，我也要请你指教呢！"

范如山接过来，见第一页写着"美芹十论"四个字，只粗粗翻看了目录就赞不绝口："幼安啊幼安，你这想法妙啊！审势、察情、观衅、自治、守淮、屯田、致勇、防微、久任、详战，只这布局，就足见高妙啊！"

范如山一边说一边在桌边坐下，读起了"总序"：

臣闻事未至而预图，则处之常有余；事既至而计，则应之常不足。虏人凭陵中夏，臣子思酬国耻，普天率土，此心未尝一日忘。臣之家世，受廛（chán）济南，代膺（yīng）阃（kǔn）寄，荷国厚恩。大父臣赞，以族众，拙于脱身，被污虏官，留京师，历宿亳，涉沂海，非其志也。每退食，辄引臣辈登高望远，指画山河，思投衅而起，以纾君父所不共戴天之愤。尝令臣两随计吏抵燕山，谛（dì）观形势，谋未及遂，大父臣赞下世。粤（yuè）辛巳岁，逆亮南寇，中原之民屯聚蜂起，臣尝鸠众二千，隶耿京，为掌书记，与图恢复，共籍兵二十五万，纳款于朝。不幸变生肘腋（zhǒu yè），事乃大谬（miù）。负抱愚忠，填郁肠肺。官闲心定，窃伏思念：今日之势，朝廷一于持重以为成谋，虏人利于尝试以为得计，故和战之权常出于敌，而我特从而应之。是以燕山之和未几而京城之围急，城下之盟方成而两宫之狩远。秦桧之和，反以滋逆亮之狂。彼利则战，倦则和，**诡谲狙诈**（guǐ jué jū zhà），我实何有。惟是张浚符离之师粗有生气，虽胜不虑败，事非十全，然计其所丧，方诸既和之后，投闲蹂躏，犹未若是之酷。而不识兵者，徒见胜不可保之为害，而不悟夫和而不可恃为**膏肓**（gāo huāng）之大病，亟遂龁舌以为深戒。臣窃谓恢复自有定谋，非符离小胜负之可惩，而朝廷公卿过虑，不言兵之可惜也。古人言"不以小挫而**沮**（jǔ）吾大计"，正以此耳。

范如山说："我这次来你家，本想与你临江畅饮。但今天，这酒先不喝了，你这手稿，今夜就容我带回去仔细研读。"

过了两天，范如山顶着两个大大的黑眼圈来到了辛弃疾的书房。

"幼安！幼安！"刚一进门，范如山便高声喊道，"幼安此文，不负我挑灯夜读，真的有让人热血沸腾之感啊！你这一番关于任人用兵之道的陈述，关于敌我双方形势的特征分析，都是远见和谋略啊！抗金救国、收复失地、统一中原，你说出了我等的心声！你这不仅是对敌打仗的策略，还是富国强兵的法子！"

辛弃疾忙道："舅兄过奖了！你我皆从北方而来，多年与金人杂处，应该比南方这些朝臣更了解金人。如张浚所言：'金强则来，弱则止，不在和与不和。'和谈是没有用的。我只是尽我之所能，结合我之所思所想，对天下时局进行了分析。我历数古代战争的例子也是为了让官家对刚刚失败的隆兴北伐多一些反思，让朝廷的决策多一点可供参考的建议。"

范如山喝了口茶，又说："只是，幼安，你这文章的言辞是否过于犀利了些？"

辛弃疾有些不解地挑眉看他。

范如山接着说道："你这全篇虽然不乏对官家的歌功颂德之语，但也的确有一些地方言辞过于激烈。张浚北伐刚刚失败，你就有如此直接、不留颜面的表达，虽然我懂你这一片热切的报国之心，可是忠言逆耳，你就不怕官家生气吗？"

辛弃疾不以为意地说："'忠言逆耳'的原话不是'忠言逆耳利于行'吗？只要利于'行'不就行了吗？"

"唉，你这性子啊！你以广德军通判之职，也敢对朝廷的北伐举措指手画脚，也就是你了！"

辛弃疾笑道："走，喝酒去！我已经让令妹准备了酒菜，我们今天一醉方休！"

《美芹十论》是辛弃疾的军事著作，共有一万四千多字。"美芹"取自《列子·杨朱》，有个人认为芹菜很好吃，就向同乡富豪推荐，结果富豪吃肿了嘴巴，吃痛了肚子。后人便以"芹献"或"献芹"谦言自己的礼物菲薄或建议浅陋。自辛弃疾此文之后，"美芹"就成了忧国忧民的代名词，甚至成了辛弃疾的代名词。

二十六岁的辛弃疾将《美芹十论》以奏章的形式进献给了宋孝宗。

奏章送上去后，辛弃疾开始积极地询问结果。

可是问着问着他就不问了，因为一直都没有结果。

他晚年词作《鹧鸪天》的下片写的就是关于此事的无奈与不甘："追往事，叹今吾，春风不染白髭（zī）须。却将万字平戎策，换得东家种树书。"

召对延和殿

乾道六年（1170年）五月，辛弃疾刚刚过完三十一岁生日，正在感叹岁月匆遽（jù），自己渡江南归已有八年之久，却只能在文官任上处理琐碎之事，从江阴签判到广德军通判再到建康府通判，可以说是毫无建树。

但紧接着，一个意想不到的消息传来——皇帝突然召他进京，并且是召他入宫直接前往延和殿觐（jìn）见。

那可是延和殿啊，是皇帝单独召见臣子议事的地方。

北宋熙宁元年（1068 年），汴京延和殿上，神宗皇帝就坐在那里听了一场王安石与司马光的辩论。那一次辩论，史称"延和殿廷辩"，而从那以后历史书上就多了一个名词——王安石变法。

如今，他辛弃疾要登临的是临安的延和殿。等待他的又会是什么呢？是一场辩论，还是一场问询？

从建康到临安的路上，辛弃疾既兴奋又忐忑（tǎn tè），兴奋的是他一个正八品的小官竟能得到皇帝亲自召见，忐忑的是他真的不知道皇帝到底要问他什么，或者想听他说些什么。

在一众身着紫色和绯（fēi）红色官服的官员中，辛弃疾身上的绿色官服很是显眼。南宋官员一至三品着紫色官服，四至六品着绯红色官服，七品及以下着绿色官服。虽然宫道上的绿色官服并不少见，但辛弃疾这张年轻的面孔却陌生得很。

延和殿上并没有太多人，身为地方小官的辛弃疾也认不得殿中人都是谁。他只看见皇帝坐在高高的龙椅上，威严开口："如今宋金对峙多年，特请辛爱卿当殿论南北形势与攻守之计。"

宋孝宗比辛弃疾年长十三岁，已在位八年。作为皇帝，他励精图治，一直没有放弃北伐，不然也不会在即位之初就起用张浚北伐，如今又将"采石大战"的主帅虞允文任命为枢密使，主持军政大事。

"微臣辛弃疾谢官家信任与厚爱。四年前，臣上《美芹十论》言及宋金形势，提出抗金主张，蒙官家不弃记得臣之微名。"辛弃疾郑重叩拜，缓缓开口，"臣自北方而来，自幼聆听祖父庭训，深知自己虽然身处金地实为宋人，日日与北地百姓一道南望王师，但求不畏死生接应王师，亦不惜以身殉国。后因天平军大帅耿京被奸人所害，突生变故而仓促来归，故此志未成。臣在江左，亦时刻不忘北上。此前臣上奏《美芹十论》，未因'越级言事'受到责罚，愈发感念皇恩浩荡。今官家有问，臣亦斗胆直言。"

宋孝宗点点头说："宋金对峙已久，依卿看，可否持续两相制衡，享长久和平？"

"诚如官家所言，宋金对峙已久，然而宋人从不敢忘靖康之耻，金人觊觎（jì yú）我大宋之狼子野心亦从未更改。依臣愚见，眼下和平难以长久。"辛弃疾的话斩钉截铁、掷（zhì）地有声，并不去看殿前众人的脸色和眼色。有机会来到御前，他一定要尽情陈述心中所想。

"哦？卿何出此言？"宋孝宗满是期待地看着辛弃疾。

"容臣上禀。金人与我大宋虽地处两岸，然时有使臣、消息相互往来。即就近年而言，臣闻金主下诏招揽人才，为其所用。且金人日渐重视农耕，不但前往各地遣使劝农，还禁止杀牛。即使是宗庙祭祀，在准备猪牛羊三牲之礼时也用鹿来代替牛。此举是为民生，亦为战备。此'以鹿代牛'之诏令，其实质一如我朝律法：'贩牛过淮者，论如兴贩军需之罪。'"

"嗯，此乃战备。你对金人战力作何判断？"

"金人长于骑射，除日常练兵之外，就连金主也一直有秋猎、冬猎之传统，马上功夫从不曾有一日松懈（xiè）。听闻近来金朝另有禁止杀马之诏令。金主诏曰：'马者，军旅所用；牛者，农耕之资。杀牛有禁，马亦何殊！'金人战力以骑兵为先，是以重马。当年岳飞将军也正是大破金人'铁浮屠''拐子马'，方才取得朱仙镇大捷。"辛弃疾之所以直接提及岳飞，是因为他一直仰慕岳飞为人，且宋孝宗即位一个月后就已为岳飞平反，

不但追复岳飞原来的官职以礼改葬，还召其后代入朝为官，并多次给予岳飞"事上以忠"的评价。

"卿对我朝有何建议？"

"绍兴末年，金兵渡淮南下之时，朝廷曾命淮、汉诸郡籍民为兵，于农闲之时展开军事训练，由官府供给钱粮并铠甲、弓矢、旗帜。今官家下诏恢复淮东万弩手，改名'神劲军'，授之弓弩，教以战阵，趁农闲之时，聚而教之，实是良策。金人亦有'兵民合一'之策，故而兵强马壮，战力非凡。今官家有诏另修江东圩（wéi）田，此在水边低洼地筑堤围地所开垦的农田必有大用。此举亦可推广。"辛弃疾所言"神劲军"是南宋的一支民兵组织，每年八月至次年二月集中训练，平时为民，战时为军。

辛弃疾略微抬了抬头，整理了一下思绪，继续说道："我大宋腹地，尤其是临安府，物产富庶，百姓之心渐趋侈（chǐ）丽，引世风竞相如此。但闻金主崇尚节俭，自前年起命户部与工部不得以黄金装饰宫中之物，后又命宫中元宵不得张灯，还停止了在东北路下海采集珍珠的活动。两相比较，隐患可知。

"臣记得诸葛亮《后出师表》有言：'汉贼不两立，王业不偏安。'想三国、晋、汉人才，蜂出并作，遍布天下……"延和殿里回响着辛弃疾铿锵有力的声音，他似乎将这里当成了自己的主场。

的确，关于对金人的战事，他有太多的话想说。

"另有官员，人心思安……"辛弃疾略沉吟了一下，思虑着该如何说才能显得平和一些。

就在他沉吟时，宋孝宗发问道："思安有错乎？"

"思安本无错处，百姓之安居乐业实是身为朝臣者之责任与使命。然，此安，万不能是苟（gǒu）安！"辛弃疾也知此言过于犀利，又将身躯向低处伏了伏。

"臣闻去年七月，普庵（ān）禅师于江西慈化禅寺坐化前曾向徒众索笔，在方丈室西壁写了一首偈（jì）子，曰：'乍（zhà）雨乍晴宝象明，东西南北乱云深。失珠无限人遭劫，幻应权机为汝（rǔ）清。'臣虽不通佛法，但以为禅师所指似关乎北伐强虏。敢请官家思之！"

延和殿上的君臣交流意犹未尽，回到建康任上，辛弃疾迅速将自己最新的抗金思想写成九篇文章，取名《九议》，呈送到了宰相虞允文的案头。

《九议》中最能体现辛弃疾自信的一句话是："苟从其说而不胜，与不从其说而胜，其请就诛殛（zhū jí），以谢天下之妄言者。"意思是说，如果采用了我的建议而没有取得胜利，或是没有采用我的建议而取得了胜利，那么就请诛杀我这个妄言之人以谢天下。

"幼安啊，老夫长你三十岁，你的名字我早就听说过了，直至如今才得相见。但你我的人生也算是早有交集。"虞允文身上不乏上位者的冷肃，眼神却又不失慈爱，辛弃疾略显茫然地看着他。

"绍兴三十一年，完颜亮率军南下，你在山东加入义军，我在采石抵挡金军，是不是可以算并肩作战了？"虞允文哈哈大笑。

辛弃疾放松了许多，连忙笑着回道："不敢当。绍兴三十一年完颜亮率四路大军对我大宋发动全面进攻，他以六十万人号称百万，所到之处毡（zhān）帐相望，钲（zhēng）鼓之声不绝。我记得很清楚，金军一路自海上进攻临安；一路自蔡州出发，进攻荆州；一路由凤翔（今陕西宝鸡东北）进攻近处要塞大散关（今陕西宝鸡西南）；另一路则由完颜亮亲自率领，由中都燕京出发进军寿春，但一到采石，就被您老人家打得大败溃（kuì）逃。"

虞允文摆摆手说："老夫哪里有那么厉害。不过是金人错误地判断了局势，再加上我大宋军民齐心协力。完颜亮亲率主力自开封攻淮西，当时的建康府都统制王权心生恐惧弃军而逃，导致我军军心涣（huàn）散，溃退至采石。我以中书舍人的身份奉命到前线慰劳军队，当此情势危急，只凭着一颗报国之心便越权主事，鼓励将士决一死战。要说能指挥不足两万将士战胜十余万金军，也是依托了长江天险。前线的将士和那些摇旗呐喊吓退金人的百姓，都是有功之人。我一介书生，也就是侥（jiǎo）幸御敌而已。"

辛弃疾道："大人过谦了。若是没有采石大捷，就没有金军内乱，就没有完颜亮为部下所杀，也没有我大宋的战局逆转。"

虞允文笑道："好好好，我不和你争论，千秋功过随你们说吧！只是看到你这样的年轻人，就会想起自己初入仕途的时候。"

辛弃疾安静地听着他说。

"老夫是绍兴二十四年（1154 年）的进士，登第时已经四十五岁了。那一年的进士榜上可谓人才济济，杨万里、范成大都与我同科。还有陆游，原本省试第一，却因为秦桧弄权被取消了成绩，不然，那年的状元极可能是山阴陆游。官家登基后，才给陆游补赐了进士出身。说来实在惭愧，这些人个个都比老夫要小十五六岁。官家钦点的状元张孝祥，更是比老夫年轻了足足二十三岁，都差出一辈人了。这张孝祥虽然年轻，但对策、诗文、书法俱可称'绝'。他那首《六州歌头·长淮望断》就作于你奉表南归的那一年，'闻道中原遗老，常南望、翠葆（bǎo）霓旌'说的可是你们的心情？'使行人到此，忠愤气填膺。有泪如倾'，说的则是我们的心情。"

辛弃疾默然。

虞允文拍了拍手边的《九议》，说："年轻人，你之所言，逆顺之理、消长之势、技之长短、地之要害，甚备。然和议既定，太多的事情凭你我之力恐怕无法施行啊！"

读故事　学知识

杜康

杜康，即少康，夏朝的第六代国君，也是中国酿造秫（shú）酒的鼻祖，被后世尊为酒圣。

东汉经学家许慎的《说文解字》记载："古者少康初作箕帚、秫酒。少康，杜康也。"北宋朱肱的《北山酒经》等历史文献中，都有关于杜康酿酒的记载。魏武帝曹操《短歌行》中的名句"慨当以慷，忧思难忘。何以解忧？唯有杜康"，令杜康和他的酒名扬天下，千古流芳。

怀才不遇

指胸怀才学但生不逢时，难以施展，不被赏识任用。多指屈居不得志。

出自明代冯梦龙的《喻世明言》卷五，唐代时，书生马周才华横溢，但家境贫寒，"眼见别人才学万倍不如他的，一个个出身显通，享用爵禄，偏则自家怀才不遇"。

忠言逆耳利于行

指正直的劝告听起来不顺耳，但有利于改正缺点错误。

出自《史记·留侯世家》。刘邦攻破咸阳，进入秦宫，看到华丽的宫室、灿烂的珠宝、无数的美人，有些着迷，就准备留下来。樊哙苦劝刘邦离开，刘邦不听。这时，张良上前直谏，说："正因秦朝暴虐无道，所以沛公才站在这里。如今刚刚攻入秦都，就要安于享乐，这就是'助桀为虐'。况且'忠言逆耳利于行，毒药苦口利于病'，希望沛公能够听从樊哙的意见。"刘邦听后，这才恋恋不舍地率军离开秦宫，驻扎于灞上。

三

中年辛弃疾

宦途辗转

出知滁州

召对延和殿之后不久，辛弃疾就被任命为司农寺主簿，从一个地方小官一跃成了京官。

有人说这次调任是皇帝对辛弃疾的安抚，也有人说是虞允文对辛弃疾的赏识。

司农寺是掌管朝廷与农事相关事务的机构，司农寺主簿虽然官职仍旧不高，却有了更多接触各方人士的机会。也是在纷杂的人员往来中，辛弃疾听说党怀英中了金朝的进士。

乾道八年（1172 年），辛弃疾带着家人在京城过了一个热闹的元宵节，写下了《青玉案·元夕》：

东风夜放花千树。更吹落、星如雨。宝马雕车香满路。凤箫声动，玉壶光转，一夜鱼龙舞。

蛾儿雪柳黄金缕，笑语盈盈暗香去。众里寻他千百度，蓦（mò）然回首，那人却在，灯火阑珊（lán shān）处。

这年春天，三十三岁的辛弃疾被任命为滁州知州。这是他第一次成为地方最高行政长官。

春天本来是万物复苏、欣欣向荣的季节，可是走在滁州城里，微服的辛弃疾却无比痛心，仿佛又回到了北方，回到了家乡战火蔓延的时候。

辛弃疾眼中的滁州城几乎就是一片废墟（xū）。

春寒还未散尽，可是百姓大多衣衫单薄，也没有像样的住处，许多人家都只是在瓦砾（lì）场上搭了低矮的草棚。

"这草棚可能抗风？"辛弃疾问道。

下属应道："这草棚哪能抗风啊！前些天风大，前边那条街还塌了两间，有个老翁被压在了棚下，所幸伤得不重。"

辛弃疾沿着主街走向集市。集市上的货物少得可怜，更是完全不见卖鸡鸭鱼肉的。辛弃疾指着一位摊主的几样货物，逐一问了价，明显比别处高出不少。

一位下属说："大人，滁州屡遭兵燹（xiǎn），百姓家贫，行商之人多不愿来此。这商人不来，物资不足，物价也就越发地高了。"

辛弃疾点了点头继续向前走，所过之处几乎看不见脸带笑意的百姓。

辛弃疾站在一处断墙边目不转睛地看着一对瘦骨嶙峋（lín xún）的祖孙，一位下属赶忙上前说："大人，咱滁州地处长江淮河之间，从靖康二年（1127 年）到隆兴二年（1164 年）的三十七年间，滁州七次遭遇金人大规模渡淮入侵。金人烧杀掳掠，两军也多次在城中发生激战，百姓四散而逃，只留下这残破的城垣。最近这七八年虽然没有战事，但民生恢复也是极难。就是手里有点钱的百姓也不敢置业盖房，生怕金人再来啊！"

滁州一直是宋金战争的前沿，辛弃疾好像明白了自己为什么会被派到这里。他叹了口气说："民生如此多艰，滁人居无定所，连顿饱饭都吃不上，是我等守土者的过错啊！"

一连几天，辛弃疾都顶着黑眼圈出现在人们面前。

同僚拱手道："大人为滁人苦思安居乐业之计，如此夙（sù）兴夜寐（mèi），滁人有福了啊！"

辛弃疾回礼说："使滁州由残破而整饬（chì），使滁人由贫穷而富庶，这是我辛弃疾为官滁州的责任。"

"大人可得其法？"身边的人试探着问。

"不若宽征薄赋，招流散，教民兵，议屯田！"辛弃疾毫不迟疑地说。

"妙啊！"司户参军拍着大腿说，"大人之言妙啊！宽征薄赋，减了赋税百姓自然有了生产的积极性；招流散，将那些流散在外的人招回来，自然就有了劳动力，有了从事生产的人；教民兵，让大家知道就算金人再来，我们也有了抵挡之力，不用每天担心金人入城践踏我们的家园；议屯田，有组织地带领士兵和百姓开垦耕地，不但保证百姓有粮食吃，也可以解决战时的军粮问题。"

辛弃疾又道："百姓活得如此艰难，把他们欠官府的钱免了吧！"

管账的人立刻表示反对："大人，那可是五百八十万钱啊！"

"五百八十万看似不少，但收拢了民心，得的就不只这些了！"辛弃疾沉沉地说道，"还有，既然从前商人不愿来滁州，我们就少收赋税，在原来的基础上减免七成。'无商不富'，只有让货物流通起来，让来滁州的人多起来，我们滁州才能迅速兴旺。

"百姓的居住也是个问题。接下来我们要多烧砖瓦，多伐木材，然后贷款给百姓，让他们盖起新房子。盖砖瓦房住得安稳，也能防止发生火灾时一烧就是一条街。安居才能乐业，说的就是这个道理。

"我还要向朝廷上奏'守江必先守淮'，以积蓄实力收复中原。"

对未来，辛弃疾自有一番勃勃雄心。

这一年的滁州风调雨顺，夏麦丰收。在辛弃疾一系列政策的推动下，滁州商旅云集，买酒卖酒的客商更是成倍地增长。那些流亡在外的人听说了滁州的变化也陆续返回家乡，滁州的民生在一点点地复苏。

辛弃疾叫来管钱粮的官员，发现财政居然有了盈余，就命人去西南边的山上砍伐木材，征集工匠和州府士兵，修建一座专供往来客商休息住宿和储存货物的驿馆。

这年秋天，滁州繁雄馆落成。

繁雄馆建成后所备木料还有剩余，辛弃疾就让人在繁雄馆之上再起楼阁，命名为奠枕楼，为滁人营造了一个可以登临望远的休闲胜地。

当辛弃疾与同僚一起带着百姓登奠枕楼远眺之时，他写下了《声声慢·滁州旅次登楼作和李清宇韵》：

征埃（āi）成阵，行客相逢，都道幻出层楼。指点檐牙高处，浪拥云浮。今年太平万里，罢长淮、千骑临秋。凭栏望，有东南佳气，西北神州。

千古怀嵩（sōng）人去，还笑我、身在楚尾吴头。看取弓刀陌上，车马如流。从今赏心乐事，剩安排、酒令诗筹。华胥梦，愿年年、人似旧游。

与舅兄范如山同登奠枕楼，他写下《西江月》，字里行间多了一丝轻松和自在：

秀骨青松不老，新词玉佩相磨。灵槎（chá）准拟泛银河，剩摘天星几个。

奠枕楼头风月，驻春亭上笙（shēng）歌。留君一醉意如何？金印明年斗大。

就在辛弃疾一心经营滁州的时候，他的好友周孚（字信道）突然到访。

"信道，你我于乾道元年（1165 年）相识，至今已经七年了。你可还好？"辛弃疾拍着周孚的肩膀，高兴地问道。

"我当然好，不然哪能路途迢（tiáo）迢地来看你，来看你修的这滁州第一高楼，还有这滁州第一高楼之上的无边风景。"老友相见，周孚笑得无比开怀，"我听说此楼落成，你就请那平江府的崔敦礼作了一篇《奠枕楼记》？"

"崔兄是平江府府学的教授，文采风流又雅爱山水，离我这里也近，我就写了封信求了他，信里给他讲了此楼的来历。结果崔兄人未到滁州，他的《奠枕楼记》就先到了。"

"崔教授果然大才。当年范仲淹应滕子京之请只凭一幅画就作了传世名篇《岳阳楼记》，今有你与崔教授一封书信就成了《奠枕楼记》，都是佳话，都是佳话！"

"佳话也得有后续。信道，你这真州州学教授既然来此，必得为滁人也作一篇《奠枕楼记》，我才能放你离开。"

"好好好，我不但要为你的奠枕楼作记，还要另作一篇《奠枕楼赋》，这小序就直接说'济南辛侯作奠枕楼于滁阳，余登而乐之，遂为之赋'。"周孚也不谦让。

酒过三巡，周孚忽然问道："幼安，我且问你，何谓'奠枕'？"

辛弃疾举杯道："局势已定，滁人可安枕无忧矣。"片刻后，他又说："仇虏六十年必亡，虏亡而中国之忧方大。"

事实证明辛弃疾的预言十分准确，他口中所说的"仇虏"

金在六十二年后被蒙古人所灭，而与金人尚能抗衡的南宋最终也灭亡于蒙古人之手。

辛弃疾一心为民的作为打动了很多滁州人。滁州下辖（xiá）全椒（jiāo）县的僧人智淳（chún）求见辛弃疾，献上了当初宋太祖赵匡胤（yìn）赐给部下王嵒（yán）的字帖。

辛弃疾推辞不过只好收下，并与周孚各自作了一篇《跋太祖皇帝赐王嵒帖》。

辛弃疾对周孚说："我滁州也是风景绝佳之处。当初唐人韦应物咏我滁州西涧便说：'独怜幽草涧边生，上有黄鹂（lí）深树鸣。春潮带雨晚来急，野渡无人舟自横。'"

"是啊，我朝欧阳修作《醉翁亭记》，先说'环滁皆山也'，然后说'西南诸峰，林壑尤美'。我听说你修那繁雄馆、奠枕楼的木材都取自西南诸峰，你怎么下得去手啊！树都让你砍了，我去那边还能看些什么？"周孚调侃（tiáo kǎn）道。

"怎么可能没得看，我带你去看我滁州至宝'欧文苏字'！"辛弃疾略带醉意。

周孚眼睛一亮，"这个我听说过，也正惦记着呢！《醉翁亭记》一出，梅尧臣、苏舜钦、韩琦、富弼、范仲淹、王安石、曾巩、苏轼等人纷纷到访滁州。据说欧阳公去世后，滁州知州王诏请苏轼将《醉翁亭记》写成碑帖镌（juān）刻于石碑之上，人称'欧文苏字'，是为一绝。此碑尚存？"

"当然，滁人将它保护得很好。"辛弃疾很是自豪。

一直到今天，这块碑还在滁州。

周孚离开不久，辛弃疾的岳父范邦彦去世了，那个让洞开城门以迎王师的可敬老人永远地离开了。

转年的冬天，就在滁州形势越来越好的时候，辛弃疾却生了一场大病，不得不离开滁州回到京口家中养病。

滁州两年，辛弃疾为自己也为滁州人留下了一段难忘的记忆。僧人智仙为欧阳修所建的醉翁亭和辛弃疾为滁人所建的奠枕楼，先后成了滁州文化史上的两座丰碑。

两到江西

从滁州离任，病情好转后，辛弃疾被建康留守叶衡请到衙署中做了几个月的参议官。辛弃疾的谈吐豪迈从容，很得叶衡赏识。

淳熙元年（1174 年）秋高气爽之时，辛弃疾登上建康赏心亭。赏心亭是北宋时期丁谓任职建康时所建，不在陆地上，而在城西下水门城上，脚下就是缓缓流淌的秦淮河。丁谓初建此亭时曾将唐代王维极负盛名的画作《袁安卧雪图》悬挂在亭中，赏心亭由此名声大噪；苏轼游历至此时所写词作也被刻于亭上，供人欣赏拜读。

登上赏心亭的辛弃疾将目光直直地投向金人占领的北方，心情沉痛且悲愤。心中情与眼前景互相激发，联想起曾发生在此处的英雄故事，辛弃疾写下了那首著名的《水龙吟》：

楚天千里清秋，水随天去秋无际。遥岑（cén）远目，献愁供恨，玉簪（zān）螺（luó）髻（jì）。落日楼头，断鸿声里，江南游子。把吴钩看了，栏杆拍遍，无人会，登临意。

休说鲈（lú）鱼堪脍（kuài），尽西风，季鹰归未？求田问舍，怕应羞见，刘郎才气。可惜流年，忧愁风雨，树犹如此！倩（qìng）何人唤取，红巾翠袖，揾（wèn）英雄泪！

叶衡应诏入朝担任右丞相之职后，极力向宋孝宗举荐辛弃疾，说辛弃疾有慷慨的胸怀和深远的谋略，可堪大用。宋孝宗也听说辛弃疾在滁州为官颇有声名，就下诏任命他为仓部郎官，负责管理国库的储藏、供给、收入等事务。

在其位，谋其政。

再回京城的辛弃疾开始思考诸多与自己职责相关的问题，他还曾专门上书给宋孝宗讨论"会子钱"这种民间互助筹资方式是否值得推广。

柳永词说"钱塘自古繁华"，除了市井之地的人间繁华之外，钱塘大潮也是令临安城游人聚集的重要原因。每到钱塘大潮之日，临安城中民众与慕名而来的外地人都会来到钱塘江边观潮。苏轼曾专门写诗说："八月十八潮，壮观天下无。鲲（kūn）鹏水击三千里，组练长驱十万夫。"

看过那一浪高过一浪的潮涌，辛弃疾写下了一首大气磅礴（páng bó）的《摸鱼儿》赠给举荐自己的宰相叶衡：

望飞来半空鸥鹭（ōu lù），须臾动地鼙（pí）鼓。截江组练驱山去，鏖（áo）战未收貔（pí）虎。朝又暮。诮（qiào）惯得、吴儿不怕蛟龙怒。风波平步。看红旆（pèi）惊飞，跳鱼直上，蹙（cù）踏浪花舞。

凭谁问，万里长鲸（jīng）吞吐，人间儿戏千弩。滔天力倦知何事，白马素车东去。堪恨处。人道是、属镂（lòu）怨愤终千古。功名自误。谩（màn）教得陶朱，五湖西子，一舸（gě）弄烟雨。

淳熙二年（1175 年）四月，三十六岁的辛弃疾在仓部郎中任上平静履职时，地方上却发生了一件影响朝堂的大事——茶商赖文政在湖北带领四百多名茶农、茶贩起义了。

南宋实行茶叶专卖制度，茶农、茶贩对官府的垄断和官吏的压迫十分不满。起义爆发前，江西、湖北、湖南等地的茶贩就经常几百上千人地集结在一起，武装贩运茶叶。他们的队伍常常是一个人挑着茶叶担，两个人手持刀斧保卫，行进时还大声呼喊口号以壮声威。武装集结就是为了对抗官府对贩茶的垄断。

在赖文政率众起义前，这些茶贩就曾和官军发生过正面冲突。赖文政的"茶商军"成立后，最初在湖北活动，后来转入湖南和江西，多次击败朝廷的围剿（jiǎo）。朝廷连续多次调配军队都没能平定"茶商军"，许多官员因此被降罪。隆兴知府汪大猷（yóu）被降职，调任集英殿修撰。江西兵马总管贾和仲被罢官，发配到广西贺州。

六月十二日，辛弃疾受命为江西提刑，负责统领江西所有军队，进击"茶商军"。

辛弃疾抵达赣（gàn）州任所的时候已经是七月了，赣州知州陈天麟（lín）前来迎接他。陈天麟是绍兴十八年（1148年）的进士，字季陵，年长辛弃疾二十三岁，为人温和宽厚，辛弃疾与他相见甚欢。

陈天麟看着辛弃疾说："我听说自从你接了来江西的旨意，京城的官员都松了一口气。还有人喝酒庆祝，说这烫手的山芋总算是丢出去了，不用担心自己的身家性命了！"

辛弃疾笑道："陈大人说笑了，辛某初来乍到，还请大人多多指教！"

陈天麟小声说："早有人告诉我了，此前官家已经下诏命方师尹（yǐn）为江西提刑，负责剿灭'茶商军'，结果他吓得称病不出。也恰好他不敢前来，才有你我今日相见。"

辛弃疾抱拳行礼道："辛某有幸与陈大人共襄大事，定不负朝廷所托。"

辛弃疾到江西提刑任上后，第一时间了解江西驻军和"茶商军"的情况。

陈天麟说："此前赖文政率领部下进入广东境内，由于前锋出战不利，又被迫转回江西。由于防守还算得力，他们从没有进入我赣州城内，现在主要在吉安和萍乡一带活动。"

"据说他们有数百人之多，且常年外出买茶卖茶，出没于山谷间，特别熟悉地形。所以他们大多时候依靠山林，打起仗来比我们官军更有优势。"一个将领补充道。

"是啊，是啊，这些'茶商军'原本都是普通百姓，所以有许多百姓支持他们，给他们通风报信。"

"对，就是因为有百姓通风报信，他们在哪儿设伏我们不知道，经常中计。但我们在哪儿设伏他们却知道得清清楚楚，也能及时躲避。"

大家你一言我一语地说了起来。

情况了解得差不多了，辛弃疾开始一条一条地陈述自己的观点。

"那我们的第一步，就是想办法切断'茶商军'和通风报信之人的联系。

"既然'茶商军'人手不多，我们就不必开展人海战术，只用精兵来对付他们。与敌军作战也罢，与匪（fěi）寇作战也罢，无非都是平原作战、山地作战、丛林作战，或是城区里巷战，只是在战术上有所区别。如今叛军既然隐藏于山地丛林，我们便也招募（mù）熟悉山地丛林的兵士，数量上也不需要太多。一些弱小兵士的无谓牺牲反而会助长叛军的气焰，削弱官军的气势，搞不好还会动摇军心。

"我们可采取远近结合的方式进行围剿。远处可以使用弓箭手，所以要多招募擅长箭术者进行远距离攻击。之后就要靠近身搏击，所以兵士一定要选身强体壮、适应性强的。除了长兵器以外，兵士还要随身携带短刀、匕（bǐ）首。

"一旦出击，务必要求将士共同参与作战，以将为先。如果不能制定有效的战术，又不能身先士卒（zú），要将领何用！"

准备出发的队列中，两个年轻的士兵在窃窃私语："这位新来的大人就是带着五十人冲入五万人金军大营的辛将军辛弃疾吗？"

"当然是他！果然高大魁梧，是个山东大汉！"

"听说辛将军胆子大，也会打仗，这回不用担心再打败仗被骂、被罚了！"

两个月后，在辛弃疾的巧妙用兵之下，赖文政率领的"茶商军"陷入绝境。

早已预料到此种情形的辛弃疾派人前去招降，赖文政被迫带着残余部队投降，"茶商军"被官军收编，赖文政等首领则被依律处斩。

收到奏报的宋孝宗大喜过望，为辛弃疾越级加封了秘阁修撰的官衔，其他官员也得到了奖赏。

往来于江西和湖南之间巡察战事时，辛弃疾曾路过江西万安县南六十里处的造口。听说宋室南渡之初，金人曾追隆祐太后御舟到此，而太后因被百姓所救才幸免于难。辛弃疾索笔，在渡口的墙上题了一首词，就是引得无数人共鸣的《菩萨蛮·书江西造口壁》：

郁孤台下清江水，中间多少行人泪。西北望长安，可怜无数山。

青山遮不住，毕竟东流去。江晚正愁余，山深闻鹧鸪。

剿灭"茶商军"，辛弃疾也完成了来江西最重要的使命。

第二年冬天，辛弃疾被调任京西转运判官，负责京西地区物资运输和财政管理，同时监察地方官员。

在离开江西的送别宴会上，他即兴挥毫作了一首词送给陈天麟，就是那首著名的《满江红·赣州席上呈陈季陵太守》：

落日苍茫，风才定、片帆无力。还记得、眉来眼去，水光山色。倦客不知身近远，佳人已卜归消息。便归来、只是赋行云，襄王客。

些个事，如何得。知有恨，休重忆。但楚天特地，暮云凝碧。过眼不如人意事，十常八九今头白。笑江州、司马太多情，青衫湿。

淳熙四年（1177 年），在京西任职没多久的辛弃疾被调任江陵知府兼湖北安抚使，兼军政之职于一身。

这年六月，范成大自四川制置使任上奉诏还京，陆游从成都将他一路送到眉州，恳请他回朝后劝皇帝"先取关中次河北""早为神州清虏尘"。八月，范成大抵达江陵，辛弃疾邀他江上同游，二人尽欢而别。

江陵是长江上游重镇，辛弃疾此任有被朝廷重用之意，可是这年冬天的一个突发事件却打破了这一势头。

辛弃疾治下江陵统制官率逢原纵容部下殴打百姓，引起军民纠纷。辛弃疾的调查结果显示，这一事件完全是军中过错，于是上奏朝廷请求予以惩处。率逢原在朝中颇有根基，所以宋孝宗以"帅守与驻军不能协同"为由，将双方各打五十大板，率逢原被降职，辛弃疾也被调离江陵，派往南昌，改任隆兴知府兼江西安抚使。

再度回到江西，短短三个月的时间里，辛弃疾以"治水犹用兵"的理念为丰城县构筑了创新性的"新埽（sào）"堤防。他的这一功绩，八百多年来一直让丰城百姓心存感激。

湖南创置飞虎军

淳熙五年（1178年）是辛弃疾人生中相对动荡的一年。他先是因率逢原事件从湖北江陵调任江西南昌，仅仅三个月后又被召回临安任大理寺少卿。

在大理寺少卿任上不到五个月，便在一场凉似一场的秋风中再次离开京城临安，出任湖北转运副使。让人没想到的是，这次仍是只有几个月的任期。

辛弃疾任湖北转运副使前，恰逢年近五旬的内兄范如山过生日。辛弃疾苦思冥想到底该送点什么礼物才好。

辛弃疾知道湖北安抚使张栻（shì）正盛邀范如山出山，担任其治下的泸（lú）溪县令，而范如山正在犹豫。

张栻是之前范如山与辛弃疾热烈讨论过的力主北伐的名相

张浚的儿子，也是当时著名的政治家和理学家。他深知范如山才能出众，且有忧世之心，常思恢复北地，又从金人占领区而来，熟悉南北形势，是非常合适的人选。

但辛弃疾知道，在南宋十几年的所见所闻让范如山对朝廷已不抱希望，很想像陶渊明一样隐居不仕，所以迟迟没有答应。

于是辛弃疾取出一对玉瓯（ōu）作为生日贺礼，并填了一首《破阵子》送给范如山：

掷地刘郎玉斗，挂帆西子扁舟。千古风流今在此，万里功名莫放休。君王三百州。

燕雀岂知鸿鹄（hú），貂（diāo）蝉元出兜鍪（móu）。却笑泸溪如斗大，肯把牛刀试手不？寿君双玉瓯。

这首词前面的小序是："为范南伯寿。时南伯为张南轩辟（bì）宰泸溪，南伯迟迟未行。因作此词以勉之。"范如山，字南伯，所以称范南伯；张栻，自号南轩，所以称张南轩。

此词的大致意思是，范增因为项羽不杀刘邦怒而撞碎玉斗，范蠡（lǐ）助越灭吴之后带着西施泛舟五湖。英雄的美名之所以能够流传千古，就在于其执着于立功万里，为君王和天下效命。

燕雀哪里知道鸿鹄的远大志向，功名全靠战场上的拼杀得来。可笑泸溪那个地方只有斗那么大，不知道您肯不肯去那里小试牛刀？赠送给您两只玉瓯作为寿礼吧！

玉斗和玉瓯都是玉制的酒器，辛弃疾的意思十分明显。从公事论，辛弃疾希望范如山能以国事为重，时时挂念"君王三百州"。从私心论，他本人也将去湖北赴任，当然希望范如山能离他们夫妇二人近一些。

范如山最终听从了辛弃疾的劝告，前往泸溪。

遗憾的是，范如山到泸溪时，辛弃疾即将离开湖北前往湖南。

小山亭上，同僚王正之设宴为辛弃疾送行。辛弃疾的《摸鱼儿》小序所言正是此事："淳熙己亥，自湖北漕（cáo）移湖南，同官王正之置酒小山亭，为赋。"其词云：

更能消、几番风雨，匆匆春又归去。惜春长怕花开早，何况落红无数！春且住，见说道、天涯芳草无归路。怨春不语。算只有殷勤，画檐蛛网，尽日惹飞絮。

长门事，准拟佳期又误。蛾眉曾有人妒。千金纵买相如赋，脉脉此情谁诉？君莫舞，君不见、玉环飞燕皆尘土！闲愁最苦。休去倚危栏，斜阳正在，烟柳断肠处。

词作上片写惜春、怨春、留春的复杂情感，下片以美人失宠的愁苦来抒发自己对国事的忧虑和屡遭排挤的沉重心情。

此前，辛弃疾为皇帝上了一道颇有见地的《淳熙已亥论盗贼札子》，讨论剿匪事宜。宋孝宗随即下诏，命辛弃疾由湖南转运副使改任潭州知州兼湖南安抚使，并亲下手谕命他全权惩治日益猖獗（chāng jué）的湖南盗贼。

淳熙六年（1179 年），辛弃疾交接好手上的工作，又经历一番奔波，来到潭州知州兼湖南安抚使任上时，已是又一个秋天。

从三十八岁到四十岁，不足三年的时间里频繁调动七次任职，辛弃疾对"宦途辗转"四个字有了无比真切的体验。

再度成为一地的军政长官，辛弃疾展开了一系列有效措施，力求保障民生和缓解社会矛盾。他大力整顿湖南的乡里组织，在一些县城开办官学，弹劾罢免了不合格的官员。

淳熙七年（1180 年）春天，辛弃疾上奏宋孝宗，请求用官府的储备粮招募工人兴修水利，并将储备粮低价出售给永州、邵州、郴（chēn）州的百姓，以帮助他们应对灾荒。

南宋时期，因为赋税繁重，不时有百姓揭竿而起，湖南、湖北地区更是长期动荡不安。此前辛弃疾平定的"茶商军"，也是在湖南、湖北、江西频繁活动。当此百姓贫苦、民变一触即发之际，惩治贪官污吏，杜绝横征暴敛，稳定社会秩序，让百姓安居乐业是当务之急。

辛弃疾心怀家国，忧愤难平，上书宋孝宗说湖南多有盗贼活动并且多受凶悍（hàn）的周边民族骚扰，为了能灵活调遣、保障百姓安全，请求朝廷准许他以当时广东的摧锋军和福建的左翼军为参照，在湖南建立一支"飞虎军"，并保证一定将其训练成战力强悍的队伍。

宋孝宗考虑现实情况后批准了辛弃疾的请求。

收到批复的辛弃疾欣喜若狂，立即开始了"双管齐下"的建军行动——一边招兵买马，一边建造营房。

创建军队需要巨额经费。辛弃疾发挥所长多方斡（wò）旋，为了筹集资金还改变地方税收办法，实行了酒类专卖。

解决了经费问题，自然就要开始做事了。

负责招兵买马的人来问："辛大人，建军队，我们去哪里招募兵士？"

辛弃疾回答："我们既要招募新军，也要想办法从各地原有的部队中选拔将士，更要妥善安置和配备所有人员。"

"辛大人，朝廷限定我们这支军队不能超过一千五百人。"

辛弃疾摆摆手道："一千五百人自然是不够的，我们先招一千八百人，训练着看。"

招兵负责人迟疑道："辛大人，那朝廷问起来，怎么说？"

辛弃疾胸有成竹地道："就说步军一千余人、马军一百六十八人。还有，别忘了，再跟兵部多要些名额。"他转过身，又说，"带上五万贯钱，派人去广西买五百匹战马，再请广西安抚使司每年代买战马三十匹，以作补充之用。铁甲兵器也要抓紧，该打造的打造，该买的买。"

负责建造营房的人也来问："辛大人，营房建在哪里？"

"这里。"辛弃疾在舆（yú）图上指了一个地方，"这里是五代时期南楚开国君主马殷的营垒（lěi）故地，地理位置绝佳，也有利于兵士操练。"

营址选定后立即动工。因为建筑军营事关自己的安全，工匠们干劲十足，工地上一片热火朝天的景象。

在修筑军营外围的栅（zhà）栏时，有人来报："辛大人，大家都想早点儿把营地建好。可是眼下秋雨连绵，这瓦没法烧啊！而且我们需要整整二十万片瓦，这不是要急死人吗？"

看着愁眉苦脸的工匠，辛弃疾叫来负责城区管理的官员，说："你们先去拆除不必要的官舍和祭神的祠堂，把屋瓦送来建军营。另外，沟檐瓦只为缓冲檐头滴水，不影响防风防雨，想办法动员全城百姓，每家送二十片来，就说组建军队是为了护百姓平安。凡是来送瓦的，每户给一百文钱。"

命令一经发布，前来送瓦的百姓络绎不绝。

不到两天，工地的负责人喜笑颜开地向辛弃疾报告："辛大人，您的方法好啊，二十万片瓦，一片不少，凑足了！"

瓦片的问题解决了，铺路的石块又不够了。

辛弃疾的脑子转得飞快，"调集全城囚犯，到城北山上开采石块。将他们开采的数量都登记好，日后可以据此减刑。"听说采石可以减刑，囚犯们都积极配合，奋力开采。

就这样，石块的问题也迅速解决了。

辛弃疾在湖南忙着创建"飞虎军"，可是，朝中却有不少反对的声音，纷纷弹劾他聚敛民财、挥霍无度。管理军事机密及边防事务的枢密院干脆直接下达了"御前金字牌"，命令他立即停工。

接到京中传来的金字牌，辛弃疾拿在手上不停地把玩，当年岳飞将军收到的也是这样的金字牌吗？

辛弃疾悄悄收起金字牌，叫来下属，说道："传令下去，加快工程进度，营寨修建工程务必在一个月内结束，违令者军法处置！"

营地竣工之后，辛弃疾第一时间将建造过程、经费来源、开支情况一一写明，连同营寨的图纸一起送往京城。宋孝宗了解了具体情况，并没有追究。

辛弃疾最终为"飞虎军"招收了步兵两千人、骑兵五百人，军队的杂役还没有算在内。军队建成后，人员齐备、武器精良，辛弃疾亲自坐镇，将他们训练成了一支军纪严明、战斗力强的英勇之师。

辛弃疾创建的"飞虎军"和当时广东的摧锋军、福建的左翼军一样，也是地方部队，听湖南安抚使的节制调度，同时也隶属于南宋朝廷的中央机构。辛弃疾奠定的良好基础使"飞虎军"成为沿江各地方军队中最精锐的一支，在南宋中后期不但成为维护湖南政治局势的军事支柱，而且令金人闻风丧胆，被其称为"虎儿军"。

这边"飞虎军"事务走上正轨，那边秋天的州府解试也开考了。辛弃疾作为地方官主持解试，并亲自阅卷，录取赵方为头名解元。赵方在第二年的礼部试（即省试）中考中进士，入仕后力主抗金。赵方帅边十年，以战为守，使京西一境金人不敢犯边，呼其为"赵爷爷"。

这一年，辛弃疾还做了两件大事。一件事是在江西上饶买了一块地，命名为"带湖"，打算安家于此；另一件事是刻印刊行好友周孚的《蠹（dù）斋铅刀编》。

周孚在三年前去世，年仅四十二岁。辛弃疾心情悲痛却不得不随着皇帝的诏令四处奔波。如今终于能够静下心来将周孚的作品集刻印行世，也算是全了自己与周孚多年的情谊。

华胥梦

出自《列子·黄帝》。黄帝在白天睡觉时，梦游到了一个叫华胥氏的国家。这个华胥氏之国位于弇州的西面、台州的北面，不知距中华有几千万里，不是乘船、坐车和步行所能到达的，只是精神游历罢了。华胥氏之国没有统治者，一切都听其自然；华胥氏之国的百姓没有什么嗜好和欲望，同样听其自然；这里的人不会死、不知痛，什么都不会干扰他们的情绪，一切都凭精神运行而已。黄帝醒来后，感到十分愉快而满足，对华胥氏之国非常向往。后来，"华胥梦"便成了这种理想境界的代称。

灵槎

指能乘往天河的船筏。

出自晋代张华的《博物志》。天河与大海相

通，近代有个居住在海岛上的人，看到每年八月都有一只木筏漂浮于海上，而且非常准时。这个人心中好奇，且有冒险精神，于是在木筏上建了一间阁楼，准备了充足的粮食，然后就乘坐这只木筏出海了。在海上漂了十个多月，他到了一处像城郭的地方，只见宫室里有个女子在织布，有个男子在河边饮牛。他没有上岸，就回来了。然后他去蜀地拜访高士严君平，严君平说，某年某月，有客星犯牵牛宿。算算时间，正是此人泛海之时。原来他到达之地是天河，见到的那个男子是牵牛星，女子是织女星。

带湖十年

稼轩居士

辛弃疾注定是与江西有缘的，而且是扯不断的缘分。

就在辛弃疾买下上饶带湖构筑居所后不久，宋孝宗就把他又从湖南调回，为他加右文殿修撰职衔，并重任隆兴府知州兼江西安抚使。

这已经是辛弃疾第三次到江西任职了。第一次是淳熙二年六月到淳熙三年（1176 年）冬天，一年多的时间。第二次是淳熙五年年初，时间只有短短的三个月。这一次是淳熙八年（1181 年）。

辛弃疾心中苦笑，这一次不知又会是多久。是时间更长一点，还是更短一点？

事实上，二十四年后的开禧元年（1205 年）六月，辛弃疾又一次被任命为隆兴知州，只是还没来得及赴任就又被改派了官职。

辛弃疾在淳熙八年到任江西时正逢当地发生严重的旱灾，百姓吃不饱肚子，饿得面黄肌瘦，物价也涨得飞快。

宋孝宗命令辛弃疾重点督办赈（zhèn）灾工作。辛弃疾到任后做的第一件事就是发布告示，安定民心。

"安排下去，在人流量大的通衢（qú）大道上张榜告知商贾（gǔ）百姓，就写八个字：'闭籴（dí）者配，强籴者斩。'有百姓不识字或是看不懂的，就派人解释给他们听，告诉他们囤（tún）积粮食不肯售卖的处流配之刑，强行买卖甚至胆敢抢劫粮食的一律杀头。"

告示一出，南昌市场首先恢复了秩序。其他闹饥荒的地区按照这一指令行事，局势也很快稳定下来。

辛弃疾做的第二件事就是发动百姓，保障供应。

"既然全境缺粮，那就拿出全部的官钱和银器作为流动资金，号召官吏、儒生、商贾、市民推举有实际才能的人，根据自身情况和能力前来借贷，让他们拿着这些钱财物品出去买粮，哪里能买到就去哪里。等他们买到粮食运回来，月底之时到城下指定地点统一销售。至于他们借贷的钱财，官府只收本金不取利息，所赚的钱也都归他们自己所有。"

在这一政令的激励下，各路能人纷纷前来州府领命，运粮的船只接连回到南昌码头。粮食多了，粮价自然就降下来了，百姓们得以度过饥荒。

辛弃疾同时将隆兴府下属八个县的赋税也一律只按八成征收。

南昌的情况稳定下来，周边却仍旧很艰难。信州知州给辛弃疾写信，请求拨些粮食助他救济百姓。

面对幕僚和下属无比一致的反对意见，辛弃疾说："信州的百姓也是百姓，都是大宋的子民，我们的问题解决了，救助他们也是应该的。"

辛弃疾下令十分之三的运米舟船调转方向开往信州，解决了信州严重的粮荒问题。皇帝知道后嘉许了辛弃疾，还给他进了一级俸禄。

解决民生问题的同时，辛弃疾也没有忘记手下的军队。他借用客船载运牛皮送往淮东总领所。结果船只途经南康军境内时，朱熹派手下上船检查，以民船载军需且没有官方文书为由扣押了所有货物。

消息传回南昌，辛弃疾亲自给朱熹写信说明情况，请他发还被扣物品。这也是辛弃疾与朱熹正式交往的开始。

闲**暇**（xiá）的时候，辛弃疾也会和朋友、同僚一起饮酒赋诗，滕王阁、东湖都留下了他兴致**盎**（àng）然的足迹。

辛弃疾每调任一地似乎都是为了完成某个特定任务，所以任期都不是很长。

将江西的赈灾事务安排妥当，民生渐渐恢复之后，淳熙八年年底，在南昌任职不到一年的辛弃疾再度收到了调令，朝廷调他为两浙西路提刑。

辛弃疾的这一次调任原本是受到奖励而被重用，但遗憾的是，尚未赴任就因遭到监察御史王蔺的弹劾而被罢免职务。这就是后来人们谈起辛弃疾时常说的"既落旧职，并罢新任"。

王蔺上表弹劾辛弃疾，针对的主要是他在湖南兴建"飞虎军"和整顿吏治时的事，说他"用钱如泥沙，杀人如草芥"。朝廷下发的罢免辛弃疾的公文，汇总了王蔺和其他官员弹劾辛弃疾的诸多"罪状"，说他残暴好杀、贪污公财、凌越上司、结党营私等。总之，哪一条都罪不容赦。

听闻此事，几位好友置酒向辛弃疾表示安慰，辛弃疾无奈却又豪迈地说："让他们说吧，还不容许我自证清白？说我贪污公财，却没有证据。说我在湖南任上草**菅**（jiān）人命、杀人如麻，实际上我是请示官家之后，才杀了一批残害百姓的酷吏。

那些残暴的盗匪，更是人人得而诛之，换他们去了也一样。"

"幼安啊，是非曲直自有公论。他们说你奸恶凶暴、虐害乡里是污蔑，说百姓对你怨声载道更是污蔑。我们都听说过，你初到湖南任上，百姓成群结队拦路喊冤，是你整顿吏治、荐举人才，是你兴修水利、创办学校，你组建'飞虎军'深得百姓支持……"朋友叹着气，放下了酒杯。

辛弃疾则举起酒杯道："他们说我用钱如泥沙，主要就是组建'飞虎军'的事。那些钱虽说的确超出了朝廷制度的限制，但都用在了公务上。为保一方安定，防范叛乱，也为北伐中原储备军马，我辛弃疾问心无愧。"

一人说："说一千道一万，幼安，我觉得问题主要还是在你偷偷藏起金字牌这事。当初官家虽然没追究你的责任，但心里这口气一直没过去。他就是见你连官家的金字牌都不放在眼里，所以'飞虎军'一建成，就迫不及待地把你调离湖南，免得这支军队只听你的指挥。再说这次，要不是官家的意思，几个御史就能让你罢官？"

另一人说："我倒觉得，咱们这些'归正人'恐怕永远都不能走进朝廷的核心。他们防着咱们呢！"朱熹在《朱子语类》中说："归正人元是中原人，后陷于蕃而复归中原，盖自邪而转于正也。"辛弃疾、范如山父子就是从金回到南宋的"归正人"，也的确是被南宋朝廷区别对待的人。

听着朋友们的谈论，辛弃疾只是笑笑，不说话。

不能说被罢官全在辛弃疾的意料之中，但他在做一些事的时候也确实考虑到了这种可能性。更何况，自己"归正人"的身份恐怕是永远都冲不破的障碍。

从隆兴府知州兼江西安抚使任上离开是辛弃疾仕宦南宋之后第一次落职。落职归隐带湖，直到宋孝宗退位，辛弃疾都未被起用。

落职的辛弃疾带着家人回到了江西上饶，回到了他的带湖庄园。

带湖原本是上饶城北的一处无名湖泊（pō），因形状狭（xiá）长如带，所以被辛弃疾取名为"带湖"。带湖附近是一块如砥（dǐ）的平地，辛弃疾经过此地时一眼相中，就买了下来，想在此处盖一座庄园用于居住。

带湖庄园在淳熙八年春天正式开工，经过数月工期，辛弃疾一家来到时距离庄园正式落成还有一个月的时间。

开工之前，辛弃疾带着家人和工匠一起勘察地形，"带湖之地甚得我心。施工之时当据此地势，高处建舍，低处辟田。"他转过头对跟在后边的几个儿子说："人生在勤，当以力田为先，自然少不得稼穑（sè）之类的农事。日后此地便以'稼轩'为名。"

辛弃疾十分喜欢带湖，曾专门带着好友洪迈来过这里，参观了尚在建设之中的新居。还将图纸上的各处标记和设计一一指给洪迈看，请洪迈务必为他写一篇《稼轩记》。

带湖新居上梁前，辛弃疾兴高采烈地说："当初苏东坡在惠州白鹤峰的房子盖好时，他亲自写了一篇《白鹤新居上梁文》。后来他的门生张耒（lěi）回到淮阳后，也写了一篇《新居上梁文》。如今，我带湖新居的上梁文也必须由我自己操刀！"

中国人盖房子，无论是古代还是现代，为新屋架上大梁都要选择吉日，并且举行隆重的仪式，上梁文就是上梁仪式时祈求神灵保佑的祝词。工匠上梁时一面念诵上梁文，还要一面抛掷事先准备好的馒头、年糕、糖果等食物。

选择这一时机举行隆重的仪式，是因为有了"梁"的支撑房屋结构才能稳定，才能形成房屋最高处的屋脊。所以我们也用"栋梁"一词比喻能够担负国家重任的人。

带湖上梁那天热闹非凡，领头的匠人开开心心地念着辛弃疾亲笔写下的《新居上梁文》：

少年读辛弃疾

"百万买宅，千万买邻"，人生孰若安居之乐？一年种谷，十年种木，君子常有静退之心。久矣倦游，兹焉卜筑。稼轩居士，生长西北，仕宦东南。顷列郎星，继联卿月。两分帅阃，三驾使轺。不特风霜之手欲龟，亦恐名利之发将鹤。欲得置锥之地，遂营环堵之宫。虽在城邑阛阓（huán huì）之中，独出车马嚣（xiāo）尘之外。青山屋上，古木千章；白水田头，新荷十顷。亦将东阡西陌，混渔樵以交欢；稚子佳人，共团栾（luán）而一笑。梦寐少年之鞍马，沉酣（hān）古人之诗书。虽云富贵逼人，自觉林泉邀我。望物外逍遥之趣，"吾亦爱吾庐"；语人间奔竞之流，"卿自用卿法"。始扶修栋，庸庆抛梁：

抛梁东，坐看朝暾（tūn）万丈红。直使便为江海客，也应忧国愿年丰。

抛梁西，万里江湖路欲迷。家本秦人真将种，不妨卖剑买锄犁。

抛梁南，小山排闼（tà）送晴岚。绕林乌鹊栖枝稳，一枕熏风睡正酣。

抛梁北，京路尘昏断消息。人生直合住长沙，欲击单于老无力。

抛梁上，虎豹九关名莫向。且须天女散天花，时至维摩小方丈。

抛梁下，鸡酒何时入邻舍。只今居士有新巢，要辑（jí）轩窗看多稼。

伏愿上梁之后，早收尘迹，自乐余年。鬼神呵禁不祥，伏腊倍乘自给。座多佳客，日悦芳樽。

带湖新居建成后，辛弃疾曾有词作《水调歌头·盟鸥》表达自己对带湖的喜爱：

带湖吾甚爱，千丈翠奁（lián）开。先生杖屦（jù）无事，一日走千回。凡我同盟鸥鹭，今日既盟之后，来往莫相猜。白鹤在何处？尝试与偕来。

破青萍，排翠藻，立苍苔。窥鱼笑汝痴计，不解举吾杯。废沼荒丘畴昔，明月清风此夜，人世几欢哀。东岸绿阴少，杨柳更须栽。

年过不惑的辛弃疾在带湖开始了他的归隐生活，宋代词坛也从此有了"稼轩居士"的名号。

上饶城西四十里有一处高约十五丈的山岭，名叫黄沙岭。黄沙岭下有两泉，风景优美，家住城北带湖的辛弃疾经常去那里游玩。在一个寻常的夏夜，辛弃疾触景生情写下一首《西江月·夜行黄沙道中》：

明月别枝惊鹊，清风半夜鸣蝉。稻花香里说丰年，听取蛙声一片。

七八个星天外，两三点雨山前。旧时茅店社林边，路转溪桥忽见。

不久之后，辛弃疾又在铅山县期思村买下一块有泉水的土地，取名瓢泉。

鹅湖之会

淳熙十五年（1188年）冬天，四十九岁的辛弃疾从带湖来到瓢泉，在居所的茅屋里迎来了一位期盼已久的客人——他的好友陈亮。

陈亮是婺（wù）州永康人，字同甫，又字同父，号龙川，世称龙川先生。陈亮二十五岁时取得婺州解试的第一名，虽迟迟没有考中进士，但在二十九岁时进入婺州五峰书院。之后，著书讲学十年，倡导"事功之学"，成为永康学派的创始人。

"幼安兄！"

"同甫兄！"

辛弃疾与陈亮二人把臂细看，彼此都激动不已。

"同甫兄，我刚听人说，你在村口小桥边做了一件大事。"辛弃疾用力拍着陈亮的肩膀。

陈亮有些不好意思地笑了，"我不就是想见你，太心急了嘛！我那马不听话，到了桥边说什么都不肯往前走，我这又急又气就冲动了，抽剑斩马，徒步而进，让你和村里人见笑了。"后来人们称那座桥为斩马桥，又在桥边建了一座斩马亭，以纪念辛、陈二人的友情。

辛弃疾看着陈亮说："你自浙江东阳来我江西上饶，一路辛苦了！人都道你生而目光有芒，人到中年，你这眼中光芒非但一点儿不减，反而愈发锐利了！"

陈亮握住辛弃疾的手说："幼安兄，想不到，你我临安一别就是整整十年！"

辛弃疾也说："是啊，十年前，我自江西回临安做大理寺少卿，吕伯恭介绍你我相识，实是人生一大幸事。只是那以后就只能书信往来，畅叙别情！"

辛弃疾所说的吕伯恭就是吕祖谦，伯恭是他的字。吕祖谦是南宋著名理学家，与陈亮同为婺州人。

陈亮大笑道："这个吕伯恭啊，最喜欢结交名士，也最喜欢介绍朋友认识朋友。你我意气相投，一见如故，他拉我们相见倒也罢了。那朱晦庵和陆象山一个信奉理学，一个信奉心学，本就观念不同，他还非要把人家往一起凑，美其名曰调停学术争端。淳熙二年，不就是他把这俩人邀到了你们铅山鹅湖寺吗？"晦庵是南宋理学代表人物朱熹的号，象山是心学代表人物陆九渊的号。吕祖谦待人热情宽厚，从不与人结怨，所以朱、陆二人都欣然接受了他的邀约。

辛弃疾说："这事儿我知道，听说朱晦庵和陆象山要在鹅湖展开辩论，江浙学子闻风而聚。那可真是一场盛会啊！可惜那时我在湖南平叛，没能亲见。不过你也别说吕伯恭多事，淳熙八年，朱晦庵不就邀着陆象山一起到他主持的白鹿洞书院去讲学了嘛！"

陈亮笑道："我们这些谈论学理的人，学问是学问，交情是交情，也不是真要论个你死我活。我和朱晦庵的观点并不相同，但我二人交情也很好。淳熙九年（1182年）正月，他以官身到婺州巡视赈灾，顺道去了我们五峰书院。那是我和他第一次见面，刚开始还相谈甚欢，但谈着谈着就出现了分歧。我一向主张'义利双行''王霸并用'，即便是三代的帝王也不完全是以王道治天下，王道需要霸道为自己开路。他说我说的不对。这些年，我们俩也没少在书信里辩论，谁也不服谁，却又谁也说服不了谁。他说我'才太高、气太锐、论太险、迹太露'。"

辛弃疾说："淳熙九年，朱晦庵也来过带湖。也是因为赈灾巡视。他发现了一些不平之事，然后和朝廷闹了点儿矛盾，就决心辞官回福建老家。他回福建之前，是九月吧，先给陆游写了封信，又到我这儿看了看我的新家。他来看我，大概也算是同病相怜吧！"

陈亮笑道："一别若许年，也不知他现在如何了。这次我来之前给他写了封信，约他来铅山县南四十里的紫溪相会，也不知他会不会来。这紫溪可是我特意选的地方，是他从建阳来、你从带湖去的必经之地。"

"你这地点选得的确是好，我带湖离铅山不足百里。但去紫溪之前，我一定先带你去一趟鹅湖，也去鹅湖寺逛逛。虽是冬日，那里的风景也是极好的。"

"你我难得相聚，就不必如朱陆相会那样广邀同道了，咱俩悄悄地去。"陈亮说罢，顾自大笑起来。

后来史称朱熹和陆九渊之聚为"鹅湖之会"，辛弃疾与陈亮之聚为"第二次鹅湖之会"。

辛弃疾只比陈亮大三岁，且二人都是性情豪迈、喜谈兵法之人，面对南北形势又都是坚定的主战派，所以言谈无比投契。

酒至酣处，辛弃疾放下酒杯对陈亮说："说来是五年前的事了。淳熙十年（1183 年）春天，你写信给我说秋后来访，你不知道我有多高兴。可是秋天到了，你却没来。淳熙十一年（1184 年）听说你遇事被下狱，我可担心死了。"

陈亮笑笑说："说来，那已经是我第二次被下狱了。淳熙五年，我在二十天内接连三次上书给官家，官家挺喜欢我，说要给我个官做，可我觉得我只为报国不为做官，就拒绝了。然后我得意忘形，和朋友喝醉了酒，也不记得说了什么，就被人诬告说我意图谋反。那一次我被拷打得体无完肤，还是官家知道后说'秀才醉后妄言，何罪之有'，我才得免一死。如果说那一次我的确有错，那么淳熙十一年就纯粹是无妄之灾。我哪知道去乡里参加个宴席就会遇上人命官司呢？同席的人回家死了，他们就说是我在食物中投毒，还特意派了酷吏对我刑讯逼供。我没投毒自然不能认，他们就把我移交到大理寺。要不是大理寺少卿郑汝谐在官家面前替我说情，我怕是就不能与你再见了。"

辛弃疾说："你呀，无非是天天主战，和我一样，得罪了人。郑汝谐在信州任上时与我交好。他这人爱才，他说你是天下奇才，跟官家说'国家若无罪而杀士，上干天和，下伤国脉'。"

陈亮说："我在狱中被关了七八十天，出来后才知道，是你跟郑少卿说了我的事。我到现在才能当面谢你。"

辛弃疾摆摆手说："你我之间，不说谢字。我且问你，你十八岁时就将历代用兵成败之事写成《酌（zhuó）古论》三篇，讨论了十九位风云人物。人都说你论议风生，下笔数千言立就，当时的婺州知州周葵赞誉你为'他日国士'，将你奉为上宾。他入京做了参知政事又将你请去做幕僚，十分器重你。可你后来怎么就离开了呢？"

"周大人对我的确很好，但他平素所谈皆是道德性命之学，而我重视的是'事功'，也就是凡事要注重实际功用和效果。周大人所学于抗金统一无益，我自然就离开了。"陈亮回答得十分坦率。

"你的《中兴五论》我也读过，你以一介布衣之身心系家国，我辛弃疾着实佩服。"

陈亮笑道："要不怎么说你我志趣相投呢！我就是希望能从历史经验和教训中总结出一条中兴复国之路。今年春天，我还往来于建康、京口一带，考察山川形势。你知道吧，京口北固山上甘露寺里有个多景楼，登楼北望就是被金人占领的神州沃土，我当时就填了一首《念奴娇》。来，我写给你看！"

陈亮放下酒杯，走到书案前提笔便写：

危楼还望，叹此意、今古几人曾会？鬼设神施，浑认作、天限南疆北界。一水横陈，连岗三面，做出争雄势。六朝何事，只成门户私计。

因笑王谢诸人，登高怀远，也学英雄涕。凭却长江，管不到，河洛腥膻（xīng shān）无际。正好长驱，不须反顾，寻取中流誓。小儿破贼，势成宁问强对。

辛弃疾就站在他身旁，思绪飞向了遥远的北方，飞向了那被金人蹂躏的土地。

陈亮对辛弃疾说："我和你一样，都是祖父带大的孩子。那时我父亲长年在外谋生，我母亲很年轻，还不到二十岁，也不

知道怎么带我，我都是跟着祖父的。祖父对我寄予厚望，给我取名'汝能'，意思是什么都能做到。后来我因为倾慕诸葛亮就改名为'亮'。"

陈亮和辛弃疾一起共度了十天，他们煮酒论诗，彻夜长谈，日下漫游，月下舞剑。

陈亮在紫溪没有等到朱熹。朱熹说自己家中新种了菊花菜，如果外出就不能适时品尝了。辛、陈二人都明白，这是朱熹不想卷入抗金的政治风波而采取的回避态度。

目送着陈亮飘然东归的身影，辛弃疾身形落寞，怅然若失。

第二天早晨起来，辛弃疾的心中仍旧满溢着恋恋别情。望着前方的长路，他忽然豪情顿起，不顾天冷路滑，打马前去追赶陈亮。

沿着古驿道向前，再向前，辛弃疾一直追到鹭鹚（cí）林。见前方实是雪深泥滑无路可走，辛弃疾才不得不放弃追赶，选择回程。

走到鹭鹚林西南的方村，饥寒交加的辛弃疾进入一家小店独酌暖身。他手捏酒杯怅然许久，只恨自己没有留陈亮再多住几天。

夜半时分，辛弃疾投宿在吴家泉湖边的四望楼，听到邻人吹奏的笛音十分悲凄，于是研墨提笔，赋了一首《贺新郎·把酒长亭说》。

五天之后，辛弃疾收到了陈亮的信。陈亮很确定，二人一别，辛弃疾必有词作以抒情怀，所以索要此作。辛弃疾不由得发出会心一笑。有这样心念相通的朋友，虽相隔千里却足慰藉（jiè）此生。收到辛弃疾的回信之后，陈、辛二人又有多首互和之作，辛弃疾也因此写出了"男儿到死心如铁，看试手，补天裂"的名句。

辛弃疾与陈亮志同道合的友谊持续了一生。后来辛弃疾又专门为陈亮填了一首《破阵子·为陈同甫赋壮词以寄之》：

醉里挑灯看剑，梦回吹角连营。八百里分麾（huī）下炙（zhì），五十弦翻塞外声，沙场秋点兵。

马作的卢（dì lú）飞快，弓如霹雳弦惊。了却君王天下事，赢得生前身后名。可怜白发生！

"醉里挑灯看剑"也成为辛弃疾的经典形象。

岁岁长亭兼短亭

淳熙十五年与陈亮的冬日一别，令辛弃疾消沉了不少时日。

紧接着，淳熙十六年（1189 年）二月，远离朝堂多年的辛弃疾收到了一个让他意外的消息——六十二岁的宋孝宗赵昚在位二十七年后，将皇位禅让给了自己的第三子赵惇（dūn）。赵惇就是后来的宋光宗，时年四十三岁。

俗话说"一朝天子一朝臣"，新君即位必然有一番新的举措。果然，宋光宗即位后立刻发布了一道诏书，征召国朝功勋之臣还没有入仕的子孙出来做官。这是招贤纳士，是恩荫（yìn）功臣，自然也是收揽人心。

辛弃疾正坐在桌前翻看最新的邸（dǐ）报，就听见一道突兀而清亮的声音传来，"老师，我来看您了！"

听到这声音，辛弃疾不禁莞（wǎn）尔。未见其人先闻其声，这般大呼小叫如同回家一般，甚至比回家还自在的，不用想都知道是范开。

范开，字廓（kuò）之，后来为避宋宁宗赵扩的名讳而改字先之。淳熙九年，也就是辛弃疾刚刚被罢官回带湖的那一年，范开就慕辛弃疾之名前来就学，至今已经八年了。

"是廓之啊，快坐。"辛弃疾见到范开很高兴。

"老师，我听说您还沉浸在与陈同甫离别的伤情里呢！不过，您的那首《贺新郎》写得可真好，您可得给我一份。"

辛弃疾指着书架说："最左边那个架子，你自己去拿。上数第三行，右边，再右边，对，就是那个。"

范开找到文稿，重新回到桌前坐下，去看文字：

把酒长亭说。看渊明、风流酷似，卧龙诸葛。何处飞来林间鹊，蹙踏松梢残雪。要破帽多添华发。剩水残山无态度，被疏梅料理成风月。两三雁，也萧瑟。

佳人重约还轻别。怅清江、天寒不渡，水深冰合。路断车轮生四角，此地行人销骨。问谁使、君来愁绝？铸就而今相思错，料当初、费尽人间铁。长夜笛，莫吹裂。

"老师，这词虽然不是陈同甫行前写的，但我以为也应算赠别之作。可惜去年我刚刊刻完《稼轩词》，不然一定得将这篇收进去。"接着，范开又调皮地看着辛弃疾说，"老师，您这十来年长居带湖，这来来去去，长亭短亭的，到底送别了多少友人，作了多少首送别词啊？"

辛弃疾笑道："你问我，我倒想问你呢！你去年编成的《稼轩词》，都是从我这儿搜罗的手稿或是你自己誊（téng）抄的副本，总共有一百多首吧？找人刊刻花了不少钱吧？除了随手丢掉、手稿不存的，我都给你了，你自己去数到底有多少送别词。"

范开所编的《稼轩词》是辛弃疾的第一部词集，后来人们习惯称其为《稼轩词甲集》。

"嘿嘿嘿，"范开笑道，"别的不说，老师您当初倒是送给过我一首好词。淳熙十三年（1186 年）我去京城参加秋试，您填了一首《鹧鸪天》送我。说来汗颜，您的祝愿是好的，可我到底是有负您之所望。"

辛弃疾看了范开一眼，笑道："你行是你行，你不行就是你老师我不行！"

范开也笑道："不关老师的事，是学生不好。您的那首《鹧鸪天》意头极好，现在还有不少人抄了送给进京的举子呢！"

辛弃疾的那首《鹧鸪天·送廓之秋试》是这样写的：

白苎（zhù）新袍入嫩凉。春蚕食叶响回廊。禹门已准桃花浪，月殿先收桂子香。

鹏北海，凤朝阳。又携书剑路茫茫。明年此日青云上，却笑人间举子忙。

辛弃疾安慰范开说："廓之啊，说实话，有你这样的弟子，为师此生无憾了。且不说你辛辛苦苦将我的词作收集在一起编成《稼轩词》，还刊刻印刷，让更多人读到，只说你素昔为人的古道热肠，就足以让我欣慰。"

范开忙站起来向辛弃疾行了个弟子礼，说："老师谬赞了！说来我编此集也是因为您的词作受到太多人喜爱，我随侍在您身边，常常看见您还没写完就被围观者争相索取的场景，以至于天下间多有假冒之作。我是担心他们以讹（é）传讹，污了老师的声名。此集一出，天下人便都知道'器高者意必远，器大者声必闳（hóng）'，知道稼轩词是何等自如，何等慷慨！"

辛弃疾看着范开，一直面带微笑，这个弟子他是真的喜欢。无论是他的人品、他的才学，还是他自发做的那些事。

范开说了许久的话，给自己倒了盏茶，喝了一口，说："老师，说回刚才咱们说的送别词，我大体还是有印象的。比如，淳熙十一年冬天，寓居咱信州的李正之入蜀地做提刑，您以《满江红》相送，说'蜀道登天，一杯送、绣衣行客。还自叹、中年多病，不堪离别。东北看惊诸葛表，西南更草相如檄（xí）。把功名、收拾付君侯，如椽（chuán）笔'。也是那年，郑元英经过咱信州去蜀地，您作了首《蝶恋花》，跟他说'莫向楼头听漏点。说与行人，默默情千万'。"

"是啊，那年这两个人一先一后都去了蜀中，到如今也有数年了。"辛弃疾略显惆怅。

"淳熙十二年（1185年）郑汝谐来任信州知州，与您多有酬唱。淳熙十三年年底他被召回临安时，您赋《满江红》送他，我还记得里面的句子：'湖海平生，算不负、苍髯（rán）如戟（jǐ）。闻道是、君王着意，太平长策。此老自当兵十万，长安正在天西北。便凤凰、飞诏下天来，催归急。'"

辛弃疾点点头说："到底还是年轻人记性好，也是你有心！这几年我在带湖修身养性，除了这些奉诏往来信州的官吏，也有许多朋友来看我。有相聚自然就有别离，别离虽苦总还有相聚的时候，但有些人却是此生再也无法相见了。"

范开不作声，只静静地坐在旁边听着老师说。

辛弃疾拢了拢手边的书册，继续说："淳熙十年，对我有知遇之恩的叶丞相叶衡、与我多有唱和的傅安道、当年乐颠颠从我手中接管'飞虎军'的老将李椿（chūn），都去世了；淳熙十一年，洪适、李焘也去了；淳熙十四年（1187年），就是韩元吉、汤邦彦他们。

"说起来，洪适与洪遵、洪迈兄弟一门三杰，与我都有交往。洪适曾作诗说我'济时方略满心胸'，这份认可让我一直心怀感念。李焘效仿司马光《资治通鉴》体例所写的《续资治通鉴长编》，可谓是蔚为大观、满纸烟霞，我也让你们读过的。要说这些人都是六七十岁走的，但罗愿罗端良去世时只有四十九岁，怎么能让人不惋惜啊！

"当年我从江西提刑任上调往京西的时候，罗愿还写诗送我，说'辛氏世多贤，一姓古所夸'，还说'凌烟果何晚，犹有发如鸦'。可惜他不知道，如今我鬓发已白，却还是没有等到纵马江北诛杀仇虏的机会。唐太宗为纪念当初一同打天下的众位功臣，命阎立本在凌烟阁内描绘了二十四位功臣的画像。罗愿祝愿我也能有这样的成就，可我怕是注定要让他失望了。"

"老师，"范开为辛弃疾续了热茶，接着说道，"我听说罗愿的父亲罗汝楫（jí）当初是岳飞案的主审官，也参与过诬陷岳飞，所以罗愿虽做了鄂（è）州知州，但一直心中有愧，从不敢入鄂州岳飞庙一步。后来他觉得自己为官清正，治理鄂州也颇有政绩，就去祭拜岳飞，结果刚在岳将军塑像前跪下就亡故了。人们都说是因为岳将军的满心憾恨还没有释怀。"

辛弃疾叹了口气，"唉，岳将军死得的确是冤啊！如果当年岳将军不死，我朝应该不是今天这个样子。"

低头看到手边的邸报，辛弃疾向范开问道："廓之，你从学于我，我也曾因好奇看过你范氏家谱。你范氏族中，高官辈出，功勋累累。如今官家即位广纳贤才，要起用暂时未有官职的功臣之后，你也在被召之列吧？"

"是的，老师，我就是来跟您说这事儿的。不日，学生即将启程。学生此去不能再时刻在您身边侍奉，老师您一定少喝酒，也少议论时事，别给人留下诽谤（fěi bàng）您的机会和借口。"范开不放心，反复地叮嘱着老师。

辛弃疾道："你放心，我虽闲居在家，也还想复出报国。不然去年大家误传我因病辞官时，我也不会作那首《沁园春·戊申岁，奏邸忽腾报谓余以病挂冠，因赋此》，告诉大家我没辞官。所以我不会乱说话，给自己找麻烦的。"

范开笑了，又上前行礼道："学生行前，但求老师作歌以赠。"

辛弃疾想了想，说："你跟在我身边有八年之久，每日游走于诗酒之间，很得我的欢心。此时即将远别，我自然不能默然许你离开。廓之你长于楚辞而又琴技妙绝，我就拟一首《醉翁操》给你。等你佩带官印回来，我沽（gū）酒买肉，听你再为我弹琴。"

默记下老师一气呵成的《醉翁操》，范开盘膝横琴，清歌缓吟：

长松，之风。如公，肯余从，山中。人心与吾兮谁同？湛（zhàn）湛千里之江，上有枫。噫（yī）送子于东，望君之门兮九重。女无悦己，谁适为容？

不龟手药，或一朝兮取封。昔与游兮皆童，我独穷兮今翁。一鱼兮一龙。劳心兮忡忡。噫命与时逢。子取之食兮万钟。

一次次长亭送亲、短亭送友的辛弃疾没有想到，两年后，被送的人变成了他自己。而他要赴任的是朱熹的家乡福建。

读故事 学知识

小儿破贼

比喻年纪轻轻就建功立业。

出自南朝宋刘义庆的《世说新语·雅量》："谢公与人围棋，俄而谢玄淮上信至。看书竟，默然无言，徐向局。客问淮上利害，答曰：'小儿辈大破贼。'意色举止，不异于常。"讲的是东晋时期淝水之战的一个典故。谢安的侄儿谢玄等率军击败了苻坚率领的前秦大军。谢安收到捷报时，正与客人下棋，看完捷报后不动声色，继续下棋。客人问起战事如何，谢安淡淡地回答说："小儿辈遂已破贼。"意思是，谢玄等年轻将领已击败前秦大军。

马作的卢飞快

这句诗的意思是，战马像的卢马那样跑得飞快。的卢：古代一种良马，因奔跑速度飞快而著名。

《三国志·先主传》注引《世说新语》中说，刘备驻扎在樊城时，荆州牧刘表对他以礼相待，但并不信任他。有一次，刘表邀请刘备参加宴会，他的部下蒯越和蔡瑁计划借机杀掉刘备。刘备识破了他们的阴谋，便假装去上厕所，逃了出来。他骑着的卢马全力飞奔，不慎连人带马掉入檀溪之中。溪水很深，刘备难以脱困，绝望地对的卢马说："的卢，今逢大难，你要努力啊！"的卢听了，奋然跃起，带着刘备成功跳出了檀溪。

楚辞

原指楚地的歌辞，后来固定为两种含义：一是诗歌的体裁，一是诗歌总集的名称。

从诗歌体裁来说，楚辞是战国时期楚国诗人屈原创作的一种新的诗体。从诗歌总集的名称来说，楚辞是西汉刘向在前人基础上辑录的一部"楚辞"体的诗歌总集，也是我国第一部浪漫主义诗歌总集，由于是在楚国民歌的基础上加工而成，篇中又大量引用楚地的风土物产和方言声韵，因此名为《楚辞》。

　　《楚辞》收录了战国屈原、宋玉以及汉代淮南小山、东方朔、王褒、刘向等人的辞赋。

四

晚年辛弃疾

闽中岁月

问政朱熹

新帝宋光宗登基后改元绍熙，并采取了一系列新的政策。这些新政不但征召了范开等新人入仕，也让辛弃疾的人生迎来了转机。

绍熙二年（1191年）冬天，已经闲居带湖十年的辛弃疾收到了皇帝的诏命，起用他为福建提刑，主管地方司法。

绍熙三年（1192年）春天，五十三岁的辛弃疾打点行装离开带湖庄园，奔赴闽（mǐn）地。

福建的春天，峰峦巍峨、水波粼粼，漫山遍野的茶树已然是一片青翠。这一路，辛弃疾都没想明白，刚刚即位的宋光宗为什么会想起自己。

辛弃疾的目的地是福建福州。路过建阳的时候，他停了下来，因为要去探望一位定居建阳的故人。这位故人就是数年之前他和陈亮在紫溪苦等未至的朱熹。

朱熹的仕途和辛弃疾一样起起伏伏，时而似有高上云端之势，时而又呈一落千丈之实。

此时的朱熹正在自己的家中，与带湖时期的辛弃疾过着相似的生活。只是从前是朱熹访辛弃疾，这一次轮到了辛弃疾访朱熹。

朱熹初访辛弃疾去的是他尚未建成的带湖庄园，辛弃疾初访朱熹到的是他正在兴建的竹林精舍。"精舍"最初是指儒家讲学的处所，后来也指出家人修炼的场所。

建阳考亭村。

立于山间，极目四望，辛弃疾不由得夸赞道："晦庵，你这地方选得好啊，山环水绕，山清水秀。"

朱熹道："说起来这地方不是我选的，来此处定居是家父的遗愿。宣和年间，家父二十几岁的时候，上任途中曾在建阳停留，就爱上了这里的山水明丽。后来他来建阳看望嫁到此处的二妹，也就是我的姑妈，与考亭陈氏多有交往，愈发觉得此地可喜，就在笔记里写：'考亭溪山清邃（sui），他年可以卜居。'"

"令尊说的是实情，这考亭的确溪山清邃，十分宜居。"辛弃疾感叹道。

朱熹略带惆怅地说:"父亲没来得及携子孙来此就故去了。如今我也老迈了,正好到这里筑室定居,没事的时候读读书,也带学生读读书。"

朱熹所建"竹林精舍"不久改名为"沧州精舍",再后来这里就成了闻名全国的"考亭书院"。这里不仅是朱熹晚年著述讲学之地,也是宋代理学的"闽学"之源。

听朱熹说起读书讲学,辛弃疾说:"晦庵,你十年前亲自规划营建的武夷精舍,吸引天下学子纷至沓(tà)来,为武夷山增添了无穷魅力。如今你又建竹林精舍,讲学传道必定让你流芳百世。"

"我自然也愿如稼轩所言。做官总有尽头,传道永无止境。我目前的计划是多修精舍,至少在我能力所及的范围内多修精舍、多育学子。不过,不是为我自己流芳,而是要让世人看到未来、看到出路。稼轩你此来闽地,虽然职在司法,却也是地方官,定要以兴文教为务,为我闽地培养人才。这些年相交下来,我深知稼轩你是文武全才,一定能做好的。"朱熹语重心长地说道。

辛弃疾笑道:"你一说'这些年相交下来',我就想到当初。

那年我在江西安抚使任上，不过就是让人运了点儿牛皮，到了你辖下南康军地界，就查抄了我的货，还得我专门写信跟你要。"

朱熹指着辛弃疾笑道："你倒是记得清楚，每次见面都要拿出来说一次。你怎么不说你让人用客舟运军需不合规制？如此说来，你我也算是不打不相识。"

"晦庵你啊，在南康军任上，还真是做了不少大事、好事。就说这复建白鹿洞书院，你不但亲任洞主，登台讲学，还置办学田供养贫穷学子，就连充实图书、聘请老师、招收生徒这些事，你也无不亲自上手。最厉害的是，你居然还能说服官家亲自为书院题写匾额。"辛弃疾的语气很是敬佩。

"说起这白鹿洞，也算是我投身书院的开端吧！唐朝贞元年间，洛阳人李渤与兄长李涉在庐山五老峰隐居读书，李渤养有一只白鹿，终日相随，故人称白鹿先生。白鹿洞也不是洞，只因地势比别处低些，俯视时就像个洞，所以大家就都叫那里'白鹿洞'。有人追随李渤来此读书，兴建的学舍就连成了片。后来李渤做了这庐山脚下的江州刺史，为了纪念自己的青年时代，就在此地广修亭台楼阁。南唐时，这里的'庐山国学'也称'白鹿国学'，是与金陵秦淮河畔的国子监齐名的学府。到了我朝初年，太宗皇帝还御赐过《九经》。可等我到南康军的时候，就只见满目的断墙残垣、杂草丛生，房舍十之七八都破败得只剩下地面的石础了。唉……"说起当时情形，朱熹忍不住叹了口气。

辛弃疾接过话头说："我听说了，你不但责令下属修复书院，还亲自制定《白鹿洞书院揭示》，强调'父子有亲，君臣有义，夫妇有别，长幼有序，朋友有信''博学之，审问之，慎思之，明辨之，笃行之'……。你提到的那些修身之法、治学之法，如今差不多已经成了所有书院推崇的教规。"

朱熹也颇觉自豪，"白鹿洞书院复兴后，我还请陆象山来讲过学。他讲的是《论语》，讲'君子喻于义，小人喻于利'。我虽与他学术观点有异，但书院不能只有一种声音，我不但把他这次'义利之辩'的讲稿刻石留存，还为他作了一个跋。"

辛弃疾道："说起陆象山，他如今在荆门军做得风生水起。他那人清正廉明、秉公执法，到任第二年诉讼案件就大幅下降。荆门军乃是边防重地，为了加强防御能力，他还组织人员修筑荆门军城墙。还有一点和你最像，他也筑亭讲学，吸引了不少官员和百姓前来听讲。"

"好啊，好啊，大家都好！"朱熹拊（fǔ）掌大笑道，"当初你在江西赈灾，甫一下车，那道'禁闭籴令'就写得极好！'闭籴者配，强籴者斩'，简洁，明确，又有震慑力！"

"我这不也是接受了你的建议嘛，生怕奸商囤积粮食、哄抬物价。后来我听说，你夸我有才，还说：'此八字若做两榜，便乱道。'幸亏我是把这八个字写到一张榜上了！"

朱熹哈哈大笑，"我长你十岁，有时难免以长者自居。我也的确没少夸你，不过，你这都是听谁说的？"

辛弃疾不回答他的问题，转而说："淳熙九年，我被罢官，听说你为我愤愤不平，多次对你的弟子说：'辛幼安是个人才，岂有使不得之理！'"

朱熹说："当年我在带湖与你匆匆一见，便觉得颇为投缘。同游南岩，山上论道，你的壮士意气，令老夫颇为难忘。"

辛弃疾说："淳熙十五年我与陈亮同游鹅湖，你没能成行，我们俩十分遗憾。好在第二年春夏之交时，你来了。你说朝廷召你入京，你启程了又不想去，就在途中上札子请辞。你在江西上饶、玉山一带待命，滞留了四十多天，直到王淮罢相，你觉得此去大有希望，才决意赶赴临安。你在上饶滞留，找我畅叙友情，就不怕朝中听说是我绊（bàn）住了你，再给我降罪？"

朱熹拊掌大笑，"你辛幼安还怕这些？现在又来说这个，当时你怎么不说？还天天陪我喝酒闲游。"

辛弃疾笑笑，"闲居十年，弃疾仍思有所作为。如今来到闽地，欲知你这山中之事，我还须先问你这山中之人。不知晦庵有何教我？"

朱熹想了想道："稼轩大材，每到一处必成大事。如此闲居十年，当益发成熟冷静。但既然你问起，我就赠你三句话：'临民以宽，待士以礼，驭吏以严。'"

夏天，朱熹考亭新居落成，辛弃疾专程从福州来到建阳向朱熹道贺。这一次，他们着重讨论了事关民生的土地清查和食盐专卖等问题。后来辛弃疾为这两个问题专门向宋光宗上了一道札子。

朱熹说："稼轩啊，这闽地百姓的日子极不好过。绍熙元年（1190年）我任漳州知州的时候，豪强地主兼并土地的现象极其严重，百姓一致要求清查土地，重新绘图，再按照实有土地数确定赋税。这'经界法'还是李椿当年提出的，虽然行之有效，近年来却受到全国豪强地主的反对，我在漳州也只是推行数月便不了了之。你是行伍出身，希望你有法子解百姓之苦。但你也要注意，治民不能全用军法。"

后来辛弃疾如朱熹所愿，在汀（tīng）州突破重重阻碍推行了"经界法"，切实减轻了百姓的负担。而朱熹也因为不遗余力地帮助辛弃疾，得罪了同乡。

这年九月，福建安抚使林枅（jī）在任上因病去世。朝廷命辛弃疾临时兼任福建安抚使，掌管福建的军事。

林枅就是杨万里名篇《晓出净慈寺送林子方》中的林子方，是杨万里的好友兼下属，"子方"是他的字。

西湖烟雨

福州有一处人文盛景，名曰西湖。

福州西湖开凿于东晋太康三年（282 年），当时的郡守严高引福州西北诸山之水到城垣之西以灌溉（guàn gài）农田，所以叫西湖。早在赵汝愚任福州知州时就曾疏浚西湖，使得西湖美景更盛，成为福州人喜爱的游玩之处。

辛弃疾本就喜欢游山赏水，一来到福州，便爱上了西湖。晴时至、雨时至，携客来、一人来，岸上行、舟中坐，冬赏梅、夏赏荷，端茶盏、举酒杯，凡有闲暇必至西湖。

"辛大人，我福州境内有三山——越王山、九仙山、乌石山，所以福州城又有'三山'之别称。既可以湖上观山，亦可以山上观湖。"福州本地人乐呵呵地介绍着。

"这提议甚好。山是好山，湖是好湖。三山与西湖彼此相映，所谓湖光山色便是如此。"辛弃疾点头赞叹。他在福州所作许多游赏西湖的词作，小序中都有"三山"字样，如《贺新郎·三山雨中游西湖有怀赵丞相经始》《小重山·三山与客泛西湖》等。

"大人，这边走。五代十国时期王审知曾在福州建立闽国，所筑宫室号称'水晶宫'，占地十数里。如今我们脚下的便是'水晶宫'故址。"

辛弃疾道："也难怪闽王会选这里。这湖水碧绿丰盈，一直绵延到水天相接之处。自湖岸远眺，天空翠蓝如盖，树木青苍成荫，垂杨遮断两岸，芙蓉开遍东西。若让我赋诗，便道：'烟雨偏宜晴更好，约略西施未嫁。'"

身边的朋友笑道："稼轩这是读熟了东坡的《饮湖上初晴后雨二首》，'水光潋滟（liàn yàn）晴方好，山色空蒙雨亦奇。欲把西湖比西子，淡妆浓抹总相宜。'你能把东坡先生写杭州西湖的四句诗化成两句，也是妙笔。某佩服之至！"

辛弃疾笑笑不说话，继续往前走。

绍熙三年年底，代理福建安抚使职务三个月后，辛弃疾收到宋光宗命他返回临安的诏书。

绍熙四年（1193年）正月，准备北上的辛弃疾专程到考亭与朱熹告别，结果异常惊喜地发现陈亮也在考亭。

看着辛弃疾行色匆匆，出门迎接的朱熹和陈亮笑道："你这是要把西湖的风尘都洒入我们的酒杯吗？"

在朱熹家中，三人谈学论政，把酒抒怀。

说起绍熙元年再度入狱的事，陈亮说："我早说过我与监狱有缘吧！是我家仆从伤了人，差点儿把人打死。因为我与被打的人曾经有矛盾，他们就说是我指使家仆行凶。如此复杂又具体的关系让我百口莫辩，在监狱里又待了一年多。"

朱熹说："你就是命途多舛（chuǎn）。明年又是秋闱，你可还要下场应试？"

陈亮说："我虽年届五旬，却仍想一试，不然也不甘心。功名并不重要，只是有了功名才能做更多想做的事。"

辛弃疾说："你年纪轻轻就是婺州的解试第一名，这些年早已名扬天下，只是这省试差了点儿运气。我与晦翁就提前祝你蟾（chán）宫折桂吧！"朱熹晚年改号"晦庵"为"晦翁"。

陈亮随着二人举杯，苦笑道："但愿如此！"

回到临安的辛弃疾被宋光宗亲召上殿，略问了福建的军政事务，又问起加强荆襄上游军事防务的措施。之后就将辛弃疾留在京中担任太府少卿一职。太府少卿是协助太府寺卿管理财货收支和贸易事宜的官员。

就在辛弃疾以为自己又要在京城做一个无关紧要的官之时，绍熙四年八月，宋光宗忽然下诏加封辛弃疾为集英殿修撰，并正式任命他为福州知州兼福建安抚使。

于是，离开福州数月之后，辛弃疾再度返回这座东南重镇。

从临安回福州，辛弃疾再次途经建阳。

重返闽地为官，他自然还是要先见朱熹。

金秋时节，漫山遍野弥漫着丹桂的甜香，眼前更是溪潭水碧、枫叶摇红。辛弃疾与朱熹在考亭相会、畅聊之后，仍觉意犹未尽。

"晦翁，这秋天的武夷山，你还登得上去吗？这秋天的九曲溪，你还泛得动轻舟吗？若是登不得、泛不动，不如就随我回去西湖赏月。"

朱熹笑，"想去武夷山上赏秋就直接说，我还能不陪你？六十四岁，别以为我就不能'老夫聊发少年狂'了！"

登上武夷山、泛舟九曲溪时，辛弃疾诗兴大发，对朱熹说："昔日晦翁与弟子友人共游九曲溪，写下《九曲棹（zhào）歌十首》。如今你我同游武夷，我便也作十首《棹歌》送给你。"

"好啊，我就等着你这十首划船歌。"朱熹笑得十分开心。

辛弃疾归来后果然写下了《游武夷，作棹歌呈晦翁十首》，其中一首写道："山中有客帝王师，日日吟诗坐钓矶。费尽烟霞供不足，几时西伯载将归？"诗中将朱熹比作辅佐西伯侯姬昌的姜太公，期待有一天这位白发垂钓的"帝王师"能够在朝堂上发挥真正的作用，足见辛弃疾对朱熹的高度赞美和褒奖。

辛弃疾回到福州大约一个月后，朱熹致信福建漕司谈对盐法的意见，辛弃疾听从了朱熹的建议，停止了私盐买卖。

九月十五日，朱熹生日这天，辛弃疾派人专程给朱熹送了祝寿诗《寿朱晦翁》，其中有"历数唐尧千载下，如公仅有两三人"之句，不是友人之间的溢美之词，而是辛弃疾对朱熹价值的清晰认知。

无论是坐在府衙的公文堆里，还是走在西湖的和风里，辛弃疾都能明显地察觉到身体的衰老，小小的牙痛也能折磨他许久。

三十多年的宦海沉浮让辛弃疾时常萌生退意。辛弃疾动了辞官归隐的心思，觉得陶渊明才是自己的人生导师。

西湖泛舟，他常对人说："我想归隐，回家乡修个园子，就取名'**佚（yì）老园**'，安乐闲适地度过晚年。再建个亭子，取名'亦好'，退隐归耕，虽贫亦好。然后闲暇时喝喝酒，喝醉了就吟吟诗。一块田地千年之中定要换八百个主人，一个人嘴里又能插上几张饭匙（chí），要这仕途钱财何用！我要是能退隐归家该有多好啊，也不用再白费口舌每天跟人争什么是非！"

同儿子们说起时，儿子们不约而同地表示反对："父亲，家中田产还未置办，少不得您的俸禄啊！"

"是啊，父亲，您才五十几岁，虽小有病痛但身体还好，怎么能辞官呢？"

"父亲，儿孙还指望您老的荫庇（bì）呢！"

辛弃疾气得将他们轰了出去，填了一首《最高楼》来骂儿子，然后再度出门直奔西湖而去。

绍熙四年十一月，朝廷诏命朱熹担任潭州知州兼荆湖南路安抚使。朱熹对时局不抱希望，一心讲学，两次请辞却未获批准。绍熙五年（1194 年）四月中旬，朱熹只好启程前往潭州。

与此同时，主政福建的辛弃疾正与福州州学教授常濬（jùn）孙隔案对坐。

常濬孙说："辛大人，晦翁临行前专门写信给我，让我助你整顿州学。"

辛弃疾说："晦翁同我说过，您是他的好友，也是州学事务可以相商和托付的人。这件于闽中学子大有益处的事情，就拜托您多多费心了！事成之后，我定请您西湖同饮。"

常潇孙拱手道："晦翁所托，大人所嘱，潇孙都记下了。但愿早日西湖同饮。"

在辛弃疾的主持下，历尽艰辛，福州州学终于整顿完成，被传为一时佳话。朱熹作《福州州学经史阁记》夸赞说："福州府学，在东南为最盛。"至此，辛弃疾也算完成了朱熹要他"兴文教"的任务。

绍熙五年五月，朱熹到达潭州厘清政务后，就向宋光宗上书，申请全权调度"飞虎军"。

朱熹的申请得到朝廷批准后，他和辛弃疾都十分高兴。朱熹高兴的是辛弃疾为自己留下了一支雄兵，辛弃疾高兴的是自己创置的"飞虎军"如愿成为一支地方上可以倚仗的雄兵。隔着十几年的光阴，堪称南宋军事传奇的"飞虎军"，让辛弃疾和朱熹这两任潭州知州兼荆湖南路安抚使，实现了友情之外的梦幻联动。

看着西湖边上垂钓的老翁和嬉戏的儿童，听着皓（hào）皓清夜小洲之上歌女的婉转吟唱，辛弃疾有了在福建组建这样一支劲旅的想法。

兴建军队离不开财力支持。辛弃疾厉行节约、储备财力，不到一年，府库积累的钱财就达到了五十万贯。辛弃疾用这笔钱建立了"备安库"，储粮备荒也备军需。

"我们可以组建一支万人军队，招收身体强壮的士兵，增补军队的名额，经过严格训练，就可以像湖南的'飞虎军'一样保境安民。"辛弃疾雄心勃勃。

几乎就在同时，辛弃疾意外地收到了陈亮的死讯。

绍熙四年（1193 年）秋天，陈亮参加省试考中进士，并被宋光宗钦点为状元，一时风光无限。绍熙五年，五十二岁的陈亮被任命为建康府判官，但还没来得及上任就突发急病亡故了。

听到陈亮去世的消息，辛弃疾顿足悲恸："想我与陈同甫身居两地，但时有音书往来。平生虽然仅见过三次面，情谊却非同寻常。他的年纪比我还小，本以为一举登第，从此可以大展宏图，实现雄伟抱负。没想到，一场病就让他与我天人永隔！"

辛弃疾夜中辗转，不能成眠，于是披衣起身，写下了一篇《祭陈同甫文》。

辛弃疾在这篇祭文中说："闽浙相望，音问未绝。子胡一病，遽与我诀！呜呼同甫，而止是耶？而今而后，欲与同甫憩（qì）鹅湖之清阴，酌瓢泉而共饮，长歌相答，极论世事，可复得耶?"

辛弃疾心怀惆怅来到西湖之滨，望着水天相接的地方，遥遥怀念故友陈亮。这西湖之水让他想起了鹅湖，也想起了瓢泉。

弱水三千，只取一瓢。

有心做事的辛弃疾竟迎来了御史们一波又一波的弹劾，他的官位一降再降，官职一免再免。

绍熙五年七月，辛弃疾罢职退居江西，他与朱熹从此未能再见。

读故事　学知识

晓出净慈寺送林子方（其二）

毕竟西湖六月中，风光不与四时同。

接天莲叶无穷碧，映日荷花别样红。

　　这首诗写于宋孝宗时期。杨万里与林子方是好朋友，经常聚在一起畅谈强国主张、抗金建议，也曾一同切磋诗词文艺，互视对方为知己。后来，林子方被调离临安，赴福州任职。杨万里写下此诗，送别林子方。诗中通过描绘六月西湖的美丽景色，曲折地表达了对好友的不舍之情。

蟾宫折桂

　　攀折月宫桂花，比喻科举登第，榜上有名。蟾宫，指月宫。

　　出自《晋书·郤诜（xì shēn）传》。晋武帝泰始年间，吏部尚书崔洪举荐郤诜为官。后来，邻诜多次升迁，做到了雍州刺史。晋武帝在东堂为他举行送别会，问邻诜对自己的评价，邻诜回答说："臣鉴贤良对策，为天下第一，犹桂林之一枝，昆山之片玉。"意思是，臣当年参加贤良对策考试，成绩天下第一，就像月宫中的一段桂枝，昆仑山上的一块宝玉。后来，"蟾宫折桂"多用来比喻应考得中。

结庐瓢泉

我见青山多妩媚

绍熙五年秋天，五十五岁的辛弃疾从福建回到江西上饶。

轩窗临水，小舟垂钓，带湖的一泓（hóng）平静安慰了辛弃疾将老未老的心，也让辛弃疾动了重建瓢泉居所的念头。

辛弃疾从来都是个行动派，有了念头就要实施，瓢泉庄园于庆元元年（1195 年）顺利建成。

辛弃疾建瓢泉庄园时想的仍然和从前一样，时而住在带湖，时而住在瓢泉。但令他没有想到的是，庆元二年（1196 年）夏天，带湖庄园遭受了严重火灾，需要重建。手中没有余钱，再建也需要时间，辛弃疾只好带着全家彻底移居瓢泉。

听说辛弃疾举家定居期思村，村里的人们高兴得想要敲锣打鼓。

一个年轻的书生说："辛大人，这些年您总是在带湖与瓢泉之间往来，我们都盼着您能在瓢泉多住些时日，却不敢说。这回，您终于可以长居于此了！"

一位老者敲了敲他的脑袋骂道："亏你还是读书人，怎么如此不会说话！辛大人家中突遭变故，你不说安慰他，却表现得如此兴高采烈，像什么话！"

年轻人隔着头上的儒巾挠了挠后脑勺说："是是是，是我不会说话。辛大人您别见怪，我这不就是想着，您长居期思村，我们就可以经常向您请教了嘛！您刚搬过来，家中有什么事，需要我和村中后生的，就说话，我带他们一起来帮您。他们都听我的！"

"哦？他们为什么都听你的啊？"辛弃疾饶有兴趣地问。

年轻人咧（liě）嘴一笑，"因为我能教他们写自己的名字。"

众人都笑起来。

安顿下来后，辛弃疾请村里德高望重的老人到家中饮酒。酒喝至酣，众人争先恐后地说起与辛弃疾的初识和交往。

"辛大人初来我们村里那会儿……"

辛弃疾按住那人的手，将他的酒杯斟满，说："各位乡亲，此地再没有辛大人，日后就喊我名字，或者稼轩。"

那人便笑，"好，那我就喊幼安。幼安初来我们村里那会儿，大概是十年前吧，咱们大家都还年轻呢！"

有人接口说："可不是嘛，我记得不是淳熙十二年就是十三年，辛大人，不，幼安，带着几个年轻人，说是他的学生，在鹅湖山里寻找山泉，找了好多天。结果那天他们从鹅湖寺出发，走了大约二十里，走到咱们村后瓜山上就发现了一眼泉。"

辛弃疾笑道："老人家记得真清楚。那时我在带湖住了三四年，就想再买一块有泉水的田地，筑屋而居。带湖虽有水，却不是泉。于是就带着学生们四处寻找，一直找到咱们村，才发现了这瓢泉。"

又一老者说："咱这里是铅山县东二十五里，距离带湖约百里，幼安能找到这里，也是与咱们大家有缘。因为早前的主人姓周，那会儿这泉还叫'周氏泉'。幼安说它形状如瓢，给它改名'瓢泉'，咱们觉得恰如其分，就也都跟着叫它'瓢泉'了。"

辛弃疾道："说来这泉啊，真是给了我惊喜。当年行至此处，见两汪潭水，一个形如石臼（jiù），一个形如圆瓢，泉水澄澈，水面光可照人。那泉水从半山喷泻而下，潭水周围是四尺宽的石头小径，旁边还有两间茅屋。我一见就喜爱得不得了，当天就求了主人夜宿。再之后，就决定将其买下来。"

老者笑道:"我记得您买下后还填了一首词,叫《洞仙歌·访泉于奇师村,得周氏泉,为赋》。老朽年轻时也是读过书的,今天就趁着酒兴吟诵给大家听听。"

人们都放下酒杯和筷子听他念:

飞流万壑,共千岩争秀。孤负平生弄泉手。叹轻衫短帽,几许红尘;还自喜,濯(zhuó)发沧浪依旧。

人生行乐耳,身后虚名,何似生前一杯酒。便此地、结吾庐,待学渊明,更手种、门前五柳。且归去、父老约重来,问如此青山,定重来否?

辛弃疾有些醉意,"感谢老丈记得,如今这不就是'重来'了吗?瓢泉的确是个好地方。淳熙十四年我再来瓢泉,又作了一首《水龙吟·题瓢泉》,我也念给大家听听。"

辛弃疾站起身,走到窗边:

稼轩何必长贫,放泉檐外琼珠泻。乐天知命,古来谁会,行藏用舍。人不堪忧,一瓢自乐,贤哉(zāi)回也。料当年曾问:"饭蔬饮水,何为是,栖栖者。"

且对浮云山上，莫匆匆去流山下。苍颜照影，故应零落，轻裘（qiú）肥马。绕齿冰霜，满怀芳乳，先生饮罢。笑挂瓢风树，一鸣渠碎，问何如哑。

听辛弃疾念完，离他最近的一位老者忽然就笑了，"我说嘛，幼安为此地取名瓢泉，定然不会只因为其形状如瓢，原来典故在这儿呢！"

辛弃疾道："知我者，老丈也。孔夫子在《论语》中说：'贤哉回也！一箪食，一瓢饮，在陋巷，人不堪其忧，回也不改其乐。'颜回的一瓢也就是我这一瓢，我虽不如颜回之贤，却也有一颗安贫乐道的心。"

"幼安，我一直不明白，您守着一片带湖还不够，为什么一定要访得一脉泉水？"

辛弃疾想了想说："也许是因为我老家济南多有泉水吧！苏辙在济南做官时就说'闻济南多甘泉'，趵（bào）突泉、珍珠泉都是济南的名泉，那泉水也如这瓢泉一般明澈甘美。待我大宋恢复北地山河，诸位也可以去看看，一样是烟柳画桥，美不胜收。"

一时间有些沉默。

交往多年，瓢泉的老人家都知道辛弃疾是从北方来的济南人，他常常说起要带领军队打回去。

老村长善解人意地打破了沉默。他取过身边的卷轴，一边打开一边对辛弃疾说："淳熙十五年，您带好友陈同甫来瓢泉小住，让我们有幸见识到了一位大家。前年您再来瓢泉，说想盖一座房子，就在这里终老，我们都高兴得不得了，都说上哪儿去找您这样的好邻居！您的这首词我可是喜欢得紧，去年您这房子盖成之前，我就让我那秀才孙子抄了下来，平时挂在屋里。您给看看他的字写得如何？"

辛弃疾接过来看，是自己的《沁园春·再到期思卜筑》：

一水西来，千丈晴虹，十里翠屏。喜草堂经岁，重来杜老，斜川好景，不负渊明。老鹤高飞，一枝投宿，长笑蜗牛戴屋行。平章了，待十分佳处，著个茅亭。

青山意气峥嵘（zhēng róng）。似为我归来妩媚生。解频教花鸟，前歌后舞，更催云水，暮送朝迎。酒圣诗豪，可能无势，我乃而今驾驭卿。清溪上，被山灵却笑，白发归耕。

"'青山意气峥嵘，似为我归来妩媚生。'到现在我也觉得这就是咱这瓢泉、期思的美。您孙子这字写得很不错，是个可造之才！"

这顿饭吃得宾主尽欢。

自然的山水和温暖的人情，抚慰着辛弃疾的心，却不能阻挡朝中的消息不时传来。

早在庆元元年，先传来的消息是赵汝愚被罢相并逐出京城，后传来的消息是辛弃疾又遭到了弹劾，然后被免去了秘阁修撰的职衔。

赵汝愚被罢相的事，得从宋光宗绍熙五年六月太上皇宋孝宗去世说起。虽然宋孝宗禅位给了宋光宗，但二人的关系一直很不好，宋孝宗驾崩后宋光宗以身体患病为由拒绝成服居丧。一时间引得朝野非议不断，大小官吏纷纷辞职，连丞相留正都辞职离京了。在这种情况下，宗室大臣赵汝愚与外戚韩侂（tuō）胄共同拥立宋宁宗赵扩即位，同时尊宋光宗为太上皇，史称"绍熙内禅"。此后不久，韩侂胄与赵汝愚在权力分配上发生矛盾，赵汝愚被一贬再贬，他那一派的官员也几乎全部被罢职。

听说辛弃疾又遭到弹劾，有人问他是否知道原因。

辛弃疾见怪不怪地说："什么原因？能有什么原因！无非是政见不合，就想彻底把我打倒！"

"不知道这次又说了您些什么！"

"爱说什么说什么。不过是老生常谈，无非是说我施政严苛、贪财好色。政令不严如何驭下，州县财政的每一文钱都没有用到我自己身上，我也没有强抢过一个民女。让他们说去吧，公道自在人心。"

庆元二年对辛弃疾来说也并不美好。

正月，辛弃疾听到了赵汝愚的死讯。

三月，王正之离世的消息传来。辛弃疾立于书案旁，心绪起伏间将作于淳熙六年的那首《摸鱼儿·更能消几番风雨》又写了一遍。盯着这一页纸，辛弃疾想起了这首词的来历，想起了十七年前，他从湖北调任湖南，六十一岁的王正之在小山亭为自己设宴饯（jiàn）行的情景。

五月，更沉痛的打击袭来，辛弃疾的妻兄范如山以六十七岁的年纪辞别人世。辛弃疾与范如山相知甚深，感情甚笃，二人的相交远早于他迎娶夫人范氏之前。或者说正是因为他们彼此投契、志同道合，才有了辛弃疾与夫人范氏的结缘，才有了他们数十年的夫妻恩爱、子孙满堂。

七月，一力打压赵汝愚的韩侂胄加开府仪同三司，官居一品。韩侂胄当权后，兴起了"伪学逆党之禁"，将赵汝愚、朱熹等五十九人归为"逆党"，并以纠结徒党的罪名罢斥朱熹及其门徒。因此事发生在庆元年间，所以也被称为"庆元党禁"。

九月，五十七岁的辛弃疾再遭弹劾，生平所有名衔被朝廷削夺得一干二净。

青山绿水之间，"无官一身轻"的辛弃疾开始了毫无束缚地访亲问友、饮酒赋诗的村居生活。如果说这世上有什么最让他感到欣喜的，那应该就是"我见青山多妩媚，料青山见我应如是"。

与客饮瓢泉

辛弃疾在瓢泉最快活的活动就是饮酒赋诗。

当然，必得观花赏景以助酒兴诗情。

自家的新屋，虽然只是几间茅舍，却也是刚刚修建完成，处处都透着崭新的气息。坐在案前或是窗边的矮榻上，耳边是淅沥（lì）沥的泉声，眼前是横亘（gèn）的青山，水清泠（líng）而澄澈，山苍翠而深邃，说是心旷神怡一点儿都不过分。

辛弃疾喜欢交朋友，也总有朋友记挂着辛弃疾，所以这瓢泉从来不缺访客。

有朋自远方来，辛弃疾不顾足疾，忍着痛，拉着来人房前屋后地参观。

"我这新居是绍熙五年开始建的，上元节之后就动工了。我建新居的时候春风已至，新来的燕子也开始啄（zhuó）泥筑巢，我就和燕子一起建造各自的家园。说来是一段趣事，自然也是乐事。你看远处，前后左右，这四面当得起溪山如画吧？是不是比画儿还美？这仕途起伏，别说什么'塞翁失马，焉知非福'，我只想像庄子一样自由自在地生活，就像那水中的游鱼一样快乐。我无法像杜甫期望的那样'安得广厦千万间，大庇天下寒士俱欢颜'，只求别辜负了我读过的圣贤之书。"

辛弃疾指了指手边半大的树说："这瓢泉的树我都种下十年了，看着也没怎么长，就看百年之后，能不能成材吧！"

来客笑道："若不成材，正好与子孙留个树荫好乘凉。"

辛弃疾也笑，"你说得对！近来我忽然觉得，古人之书不可尽信。还是喝酒好！人在酒醉之时暂图欢笑，哪有工夫去发愁受苦？那天我醉倒在松树边上，醉眼蒙眬中问松树：'我醉何如？'我怀疑松树晃动着要过来扶我，还用手推开它说不用。"

来客大笑，"哪里是树动，分明是你自己头晕目眩。"

辛弃疾笑着说道："看破不说破，一会儿得罚酒，罚酒！"

来客伸手扶他，说："稼轩，我听说朱晦庵被指为'伪学之魁'，且将归入逆党，你素来与他交好，不会受到什么影响吧？"

辛弃疾不以为意地说："我如今身上已无职衔，夺无可夺、削无可削了，还能有什么影响？再说了，朱晦庵此人，一心只讲孔孟之道、忠君爱民，如何能是逆党？且看着吧，终有翻案的那一天。咱们先喝酒，回头我得寻些特产给他寄去。"

差不多参观完了新家的角角落落，辛弃疾拉着客人回屋坐下，置酒于案，"这阵子我身体不好，大夫不许我喝酒，我就只能烧烧香、拜拜神、翻翻佛经。但到了晚上，还是要有管弦之声来解闷的。如此清夜，泉声叮咚，更当以箫笛佐酒。我唤人来吹笛，你多喝，我少喝。你喝一杯，我抿（mǐn）一口。我不喝，看着你喝也行。"

来客点头说："稼轩，我听说你曾作'止酒词'一首，以示戒酒之意，可否拿来给我看看？"

辛弃疾笑着起身，"我去给你拿来，这是我与酒杯的对话，不是与你的对话，你可不许笑。"

原来是《沁园春·将止酒戒酒杯使勿近》：

杯汝来前！老子今朝，点检形骸（hái）。甚长年抱渴，咽如焦釜（fǔ）；于今喜睡，气似奔雷。汝说"刘伶，古今达者，醉后何妨死便埋"。浑如此，叹汝于知己，真少恩哉！

更凭歌舞为媒。算合作人间鸩（zhèn）毒猜。况怨无小大，生于所爱；物无美恶，过则为灾。与汝成言，勿留亟（jí）退，吾力犹能肆汝杯。杯再拜，道"麾之即去，招则须来"。

客人大笑不止，过了好一会儿，才说道："稼轩，你啊，你啊，果然是才气纵横，这种对话你也想得出来！"

辛弃疾好酒，与朋友相聚从来少不了清歌美酒，戒酒之事自然很难真正做到。不久之后，他就又作了一首《沁园春·城中诸公载酒入山，余不得以止酒为解，遂破戒一醉，再用韵》，正式宣告"借今宵一醉，为故人来"。

辛弃疾好饮酒，也好品评。

"这江南的酒，绵软甘醇（chún）却不够烈。我老家的酒，一口下去，那就是一条火线下肚，舒坦得很，有稻米、麦子酿的，也有蜀黍（shǔ）酿的。陈思王曹植好酒，在山东做东阿王的时候，就酿出了好酒。这九百多年的传承，怎么能不出好酒？"

乡居生活期间，辛弃疾经常与村中人一样，一身布衣行走于土路上，有时还会拄一根手杖。辛弃疾每过一处都会与人寒暄（xuān）几句，村里的乡亲们也都喜欢他的平易近人，有些年轻人甚至忘了他曾是个做官的，开始喊他"辛伯伯"。

"辛伯伯，您看，今天的天气可真好啊！"

"是啊，天气真好！"辛弃疾回应道。

几位老丈走到辛弃疾的跟前，热切地说："今年咱们期思村风调雨顺，一定会有好收成。"

"那可不，咱们老百姓不用再像去年那样天天眉头紧锁，发愁无米下锅了。"

"是啊，去年县吏来了都是低头不语，咱们看着田地更是只有叹息。今年，这蒸笼再也不会因为一直闲置而结满灰尘了！"

辛弃疾也开心地说道："这满枝的梨花开得真好，就像是给梨树新添了一头白发，那边的桃树上也早已开出小花来了。春光明媚，树上的鸟儿叫得如此欢快，一定是劝我们要多喝几杯。"

走在路上，辛弃疾看到很多人都喜气洋洋的。正纳闷时，就听见两个妇人一边走一边说道：

"村口詹（zhān）家，要给家里的老人过寿，说要大办宴席呢！"

"是值得大办。他家的日子本来过得就不错，再说了，'人生七十古来稀'，他家老爹都七十五了，这得是多大的喜事啊！"

辛弃疾受邀参加寿宴，并坐在贵宾席上。看着两鬓斑白却精神矍铄（jué shuò）的寿星，辛弃疾道："辛某别无所能，愿为詹老戏填寿词一首。"

众人立刻安静下来。

辛弃疾道："咱们期思村在山涧之下瓢泉水边，詹老的年纪已经算得上是仙翁了，我就赋一首《临江仙》。我听说这大门前郁郁苍苍的乌桕树是詹老当年亲手所种，那就从这树开始说：'手种门前乌桕树，而今千尺苍苍。田园只是旧耕桑。杯盘风月夜，箫鼓子孙忙。七十五年无事客，不妨两鬓如霜。绿窗划（chǎn）地调红妆。更从今日醉，三万六千场。'"

几个读过书的人一边给旁边的人解释词的意思，一边说道："好词，好词啊！'七十五年无事客，不妨两鬓如霜'，我们巴不得也能七十五年无事，然后也来个两鬓如霜！"

詹老兴奋地举杯，"多谢幼安美意！来来来，我们共饮，也不怕他们说咱们为老不尊，一起醉他个三万六千场！"

辛弃疾的山中岁月就这样一天天地过着。他闲来会赏自家的园亭小景，会拿起笤帚（tiáo zhǒu）扫去竹下的落叶，也会在夜半之时细听风雨频敲小轩窗。

庆元四年（1198 年）的一天，侍从来报，说是有客人来访。

辛弃疾丢下手上的书卷，出去一看，原来是赵不迂（yū）。

赵不迂，字晋臣，是铅山本地人，曾任敷（fū）文阁学士，辛弃疾有时干脆叫他"赵敷文"。

"晋臣，你不在家好好经营你的藏书楼，跑到我这儿来干什么？"辛弃疾开玩笑道。

赵不迂笑道："想不到你竟然如此嫌弃我，那我立刻回去就是了！"

辛弃疾赶忙拉着赵不迂说："当年徽宗皇帝建了敷文阁用以藏书，你这敷文阁学士也回到家乡耗费心血建起了万卷藏书楼。晋臣，你可是为铅山县做了一件大好事啊！"

赵不迂笑道："力所能及而已。咱铅山县从前没有人家藏书，书生们想看书都无处可去。我将这万卷藏书按经、史、子、集四部分好类，令家人掌管钥匙，有来读书的人，就引导他登楼检索。只愿我铅山学子都能有出息。"

辛弃疾说道："我听说你那楼中还特意设置了桌椅，就是为了方便学子坐下来细细阅读。改天我也要去，你得管我饭，还得管我酒。"

赵不迁笑着说："别说那么远，今天你得先管我的酒饭。还有，不坐在屋里，我要坐在瓢泉边上。"

辛弃疾说："你倒是会选地方。此前曾有客人来，与我瓢泉共饮，问我日日居于此处，难道不觉得泉水喧嚣，就不想安静一点儿？那会儿我醉了，人懒懒的，还没来得及回答他，他就自己说应该是不觉得吵的，大概就如同'蝉噪林逾静，鸟鸣山更幽'。我觉得他的答案很好，第二天酒醒之后还专门赋了一首《祝英台近》褒奖他，就是'水纵横，山远近，拄杖占千顷'那首。'蝉噪林逾静，鸟鸣山更幽'是南朝王籍《入若耶溪》中的句子，文字和道理都好。我只知这若耶溪在山阴东南，据说是汇三十六溪之水，流入鉴湖。可惜我还没有去过。"

赵不迁说："会有机会的。稼轩，我听说，朝廷又把集英殿修撰的官职还给你了，再次让你主管武夷山冲佑观。"

"是啊，淳熙十四年他们让我管过一次了。这次，应该是又想用我了，只是要等一个时机，眼下这个闲职就是个缓冲。慢慢看吧，看他们到底想干什么。我可是时常有退隐的心思，在这瓢泉养养花、种种菜，不好吗？非要回去看尔虞我诈、你死我活！"辛弃疾摇摇头。

"韩侂胄又是升官，又是得圣宠，又是让官家下诏禁止朱熹办学，真是一家独大。你说得对，且看他到底想干什么吧！我听说吴子似经常到你这儿来，诗词唱和，把酒言欢？"吴子似，名绍古，字子似，江西鄱阳人，曾从学陆九渊，时任铅山县尉。

"他是常来，在我这秋水堂一坐就是一天。你看，我这秋水堂的长廊就在山石流水之间，我非常高兴有你们这些朋友与我一起倾听这潺（chán）潺的流水之声。他来了就坐在你现在坐的位置上，与我畅谈饮酒。那吴子似很让人羡慕啊，他身上颇有两晋人物的才华和风度。人都说仕途坎坷是坏事，可是也只有仕途坎坷，才让我有机会过这种山中隐居自得其乐的日子，想喝酒就喝酒。人间路窄酒杯宽，这吴子似虽然还在做官，我看他却是一派仙风道骨，很像唐朝那个弃官学道成仙而去的'靖长官'。"

二人正说时，侍从来报吴子似来访。

辛弃疾笑呵呵地出门迎接，一边走一边说："子似啊，你这一来，我顿时觉得这溪山甚美。正和赵晋臣说起你呢，你不来看我，我只好让人找来你的诗篇不时吟诵，你的诗如清风入手，引得我不禁日看千回啊！今日柴门为君开，带上赵不迁，一起向松间去、赏青苔。但你不是我们，不要放弃功名，该求的还得求。"

辛弃疾一边引着吴子似往屋里走，一边向侍从喊道："快去备酒备饭，我们要共饮，一醉方休。把吴大人的马牵下去，备上好的饲料，一定要喂饱。"

庆元六年（1200 年）二月，诗人杜斿（字叔高）从浙江金华来访，吴子似前来作陪。月明谁伴，吹笛南楼，六十一岁的辛弃疾又是好一番兴奋。

读 故 事 学 知 识

濯发沧浪依旧

出自《楚辞·渔父》。屈原被流放，政治上遭遇重大打击，心情愁闷，面容憔悴，沿着江畔边走边唱。渔父看到他，便问他为何落到如此田地。屈原说，天下皆浑浊，只有我清澈，世人皆迷醉，只有我清醒，所以被放逐。渔父劝屈原不要过于执着，应随波逐流，保全自身。屈原坚决反驳渔父的观点，他不愿让自己高洁的身心蒙尘。渔父听了，微微一笑，摇起船桨动身离去，唱道："沧浪之水清兮，可以濯吾缨；沧浪之水浊兮，可以濯吾足。"意思是，沧浪之水清啊，可以用来洗我的帽缨；沧浪之水浊啊，可以用来洗我的脚。

身后虚名，何似生前一杯酒

出自南朝宋刘义庆的《世说新语·任诞》。

张翰（字季鹰）性格放纵不受拘束，当时的人都称他为"江东步兵"。大概是说他的行事作风与魏晋时期"竹林七贤"之一的阮籍相似，阮籍曾任步兵校尉，人称"阮步兵"。有人对张翰说："你或许可以随心所欲放纵一时，难道就不想想身后的名声吗？"张翰回答说："使我有身后名，不如即时一杯酒。"意思是，与其让我死后享有盛名，不如现在给我一杯美酒！

待学渊明，更手种、门前五柳

出自东晋陶渊明的《五柳先生传》："先生不知何许人也，亦不详其姓字。宅边有五柳树，因以为号焉。"意思是，五柳先生不知道是哪里的人，也不清楚他的姓名，因为他的住宅旁边种着五棵柳树，就以此为号。

《洞仙歌》中是说，辛弃疾打算学习陶渊明，归隐田园，亲手在门前栽种五棵柳树，过闲适自在的生活。

尔虞我诈

出自《左传·宣公十五年》。春秋中期，楚庄王派大夫申舟出使齐国，并说经过宋国时不必借路。申舟虽觉得此举不妥，但君命难违，他只好将儿子申犀托付给楚庄王，然后就出发了。果然，申舟经过宋国时被抓住并杀死了。楚庄王大怒，发兵讨伐宋国，但久攻不下，于是打算撤兵。申犀得知此事，就哭着请求楚庄王不要撤兵，否则他的父亲就白死了。楚庄王听了此话，左右为难。这时，大夫申叔时献上一个计策：让楚军在宋国周围建造房屋，耕种土地，做出一种打算长期驻扎下去的样子。如此一来，宋国的盟友迟迟不来救援，城内的宋国君臣陷入了绝望。最后，宋国和楚国讲和结盟，盟曰："我无尔诈，尔无我虞。"意思是，我不欺骗你，你也不必防备我。后来，逐渐演化为成语"尔虞我诈"，比喻互相欺骗，互不信任。

醉里挑灯看剑

勇赴考亭别知己

送走杜叔高，辛弃疾在瓢泉家中迎来了又一个梅雨季节。

黄梅时节家家雨，无边丝雨细如愁。

这天，天气突然转晴，辛弃疾十分开心地从书架上取下一本《庄子》细细地读了起来。

忽然，房门被撞开，小厮跑得上气不接下气，"老爷，老爷，不好了！"

辛弃疾皱眉道："怎么这么没规矩，就不能先敲个门或者喊一声吗？"

小厮略微弯腰按着自己的胸口，又喘了一会儿，这才说："老爷，街上都在传，说是朱熹去世了。"

辛弃疾腾地站起身，"你说什么？再说一遍！"

小厮说："老爷，人家都说，您的好友朱熹朱晦庵，去世了。"

辛弃疾就那样呆呆地站了好一会儿，才勉强说："出去打听清楚到底什么情况回来告诉我！"

辛弃疾不敢相信，也不愿相信这是真的。

无论是带湖相约还是瓢泉共酌，无论是武夷同游还是考亭欢聚，都像昨天一样清晰。

辛弃疾缓缓抬头，看向书房的墙上，"克己复礼""夙兴夜寐"这两幅字都是朱熹题给他的。从福建到江西，这两幅字跨越了山山水水，既表达了朱熹对辛弃疾的认可、告诫、共勉之意，也是他们友情的见证。

证实了朱熹的确已于三月初九与世长辞，而且临终前一天还在修改《大学章句》，辛弃疾将书案清理干净，开始认真研墨。两个月了，居然没有人告知他这个消息。

在初闻噩耗的悲痛中，辛弃疾填了一首《感皇恩·读庄子闻朱晦庵即世》：

案上数编书，非庄即老。会说忘言始知道；万言千句，不自能忘堪笑。今朝梅雨霁（jì），青天好。

一壑一丘，轻衫短帽。白发多时故人少。子云何在，应有玄经遗草。江河流日夜，何时了。

在这样一个雨霁天晴的日子里收到朱熹离世的噩耗，不能不让辛弃疾感慨万千。"白发多时故人少"，身边的朋友相继离去让辛弃疾倍感忧伤和孤独，好在朱熹的思想犹如江河一般日夜奔流，永远延续。"何时了"就是"无时了"，就是永不止歇。

过了一段时间，辛弃疾又听说了一个消息：朱熹的学生、同道和仰慕者相约同赴建阳为朱熹举行葬礼，并将日期定在了十一月二十日。

辛弃疾命家人为自己打点行装，说要赶往建阳送朱熹最后一程。

"父亲，不可啊，冬日苦寒，此行路途遥远，您这么大年纪了，又在悲痛之中，怎可远行！"

"父亲，如今朱夫子的'伪学案'还没有结论，您若前往可就是站在了朝廷的对立面，日后的处境会更加艰难。"

"父亲，您还没有致仕，此前又被弹劾罢官，如今不能再冒风险了！"

"就是啊，父亲，您再也禁不起任何风吹草动了！"

辛弃疾失望而又气愤地看着眼前的几个儿子。曾经觉得儿孙绕膝是一件无比幸福的事，现在看着怎么觉得这么烦厌！

"父亲，六年前，就是绍熙五年，宰相韩侂胄请旨罢黜了朱晦庵。庆元元年二月又罢黜了任职仅半年的右丞相赵汝愚，第二年正月赵汝愚就在流放途中死于衡阳。韩侂胄说朱晦庵的理学是'伪学'，说倡导理学的儒生都是'伪学逆党'，连参加科举考试的学生都得先声明自己不是读'伪学'的才行。您这一去能不受牵连吗？"

"父亲，庆元二年御史奏劾朱熹'十大罪状'，说他是'伪学魁首'，他的门人流放的流放、坐牢的坐牢。到了庆元三年，韩侂胄规定'伪学'之徒不得在京中做事，还清查各科进士和太学里的优等生是否属于'伪学之党'。后来连官僚荐举、进士保结也都要先做相关说明才行。"

"对啊，父亲您还曾经义愤填膺地说过，这哪是学术斗争，分明是政治斗争，是韩侂胄对赵汝愚一派的打压。朱晦庵不就是由赵汝愚推荐入朝担任侍讲的吗？"

儿子们的担心并不是多余的。

拥立宋宁宗即位后，韩侂胄与赵汝愚在权力分配上发生矛盾，朱熹认为韩侂胄在本质上就是一个争权夺利的小人，所以多次上书弹劾韩侂胄，结果被罢官，还被扣上了"伪学逆党"

的帽子。这件事在当时牵连甚广，朱熹的一些门生不得不改换门庭，也有的不敢再登老师的家门，以避"伪学"之嫌。

辛弃疾看着儿子们，说道："当初陈同甫离世，我身在福州，所谓官身不由己，没能前往送他，已是深深憾事。眼下晦庵离世，我是罢官之身，难得有自由出入的时间，名义上还有管理武夷山冲佑观之职，前往福建也是说得过去的。退一万步讲，人人都说你们的父亲我慷慨刚正，这仕途的坎坷也不是一遭两遭了，我不在乎这些风险。再者，你们也说，我已经这么大年纪了，还有什么可怕的？"

见辛弃疾执意远行，家人也只好同意。夫人范氏去世后，辛弃疾又续娶的夫人林氏贴心地为他收拾衣物，之后又仔细嘱咐随行的小厮许多事。

"要不，带个儿子一道去吧？"夫人林氏试探着问。

辛弃疾摆摆手道："算了吧，多一事不如少一事，让他们平安度日吧，我能照顾好自己。我与晦庵相交多年，彼此赏识，他虽年长我十岁，却从不以长者自居。我去闽地做官，他专门为我作贺启一封。我在闽中更是多受他的照拂，你不知道他为我挡了多少风雨。虽说他不只是为我，也是为闽地的百姓，但总归是一个赤诚之人。于私人交情而言，我与他也甚是投缘。

　　"韩愈在《柳子厚墓志铭》中说：'士穷乃见节义。'如今这句话不但适用于晦庵，也适用于我辛弃疾。我既不是身不由己，也不是老迈得走不动路，所以必须亲自去一趟考亭。至于朝中那些人的态度，我不管了，谁又能说得清到底孰是孰非呢！"

　　坐了一会儿，辛弃疾又说："有人说，晦庵在写给朋友的信中说：'辛丈相见，想极款曲。今日如此人物，岂易可得？向使早向里来有用心处，则其事业俊伟光明，岂但如今所就而已耶？'只可惜他没有看见我的功业成就，而我也明白自己恐怕很难有功成名就的那一天了。"

　　年过花甲的辛弃疾已经不再适宜骑马赶路了，只能乘坐马车。车到建阳城，辛弃疾说："我们停下来休整一下再去考亭村。"

　　辛弃疾说的休整是真的休整。一是一路行来劳顿不已，的确需要休整，不然他的身体撑不住；二是辛弃疾不想以憔悴病弱之态出现在朱熹的灵前和众人的面前；三是"近乡情更怯"，如今的他也是怯见朱熹的，他不愿相信这个不想接受的事实。

　　下得车来，眼前的情景让辛弃疾不觉落泪。

　　作为福州曾经的最高军政长官，作为一个数度到访建阳的人，辛弃疾对建阳城的情况有大概的了解。

可是眼前，建阳城中多了许多人，而且都是读书人。他们身着儒衫，头戴儒冠，神情肃穆，行色匆匆。

辛弃疾知道，他们和自己一样，只为一人而来，只为给那人送行而来。

当辛弃疾出现在考亭村的时候，引发了一阵骚动。有认识辛弃疾的乡老对外来的人介绍说那是辛弃疾辛大人，有不认识辛弃疾的人挤过来看早已闻名天下的辛弃疾到底是何等人物。

当得知年老体衰的辛弃疾不远千里从江西专程赶来时，所有人都为他与朱熹的友情而感叹和感动。

"辛大人，您怎么来了？我们知道消息瞒不住，但没敢请您来啊！"

"是啊，辛大人，听闻您是从江西铅山赶来，这大冬天的，又路途迢迢，您怎么受得住啊！"

"说来您也是年过六旬了，我们这些同乡，替晦庵谢谢您的深情厚谊了！"有人扯着辛弃疾的衣袖，痛哭失声。

自从朱熹的学问被斥为"异端邪说"，朱熹的精舍便门庭冷落了。但他出殡（bìn）这天，来参加葬礼的还是有上千人之多。

朱熹去世八个月之后的十一月二十日，福建建阳唐石里大林谷中站满了人。

大林谷形状狭长，犹如被风吹动的罗带。这里是朱熹梦中所得之地，也是朱熹生前与弟子蔡元定共同选定的墓址。

望着那些十分熟悉的、仿佛见过的和完全陌生的面孔，辛弃疾百感交集。

那些来自全国各地的朱熹的学生，从不同的地方出发，赶往同一个目的地，翻山越岭，跨江渡河，都是为了表达对老师的敬仰和哀悼。

那些与朱熹志同道合的学者，在学术和思想上与朱熹有着强烈的共鸣，也前来为朱熹送行。

那些虽然与朱熹从未有过真正的交集，却在思想上仰慕朱熹思想和人格的各界人士，也自发前来。

辛弃疾站在人群之中，听人代读陆游写给朱熹的悼词："某有捐百身起九原之心，有倾长河注东海之泪，路修齿髦（máo），神往形留。公殁不亡，尚其来飨（xiǎng）。"

陆游家居于浙江山阴，朱熹病逝于福建建阳，两地相隔千里。七十五岁的陆游已经无法完成如此的长途跋涉，只能在家中设置香案独自祭拜朱熹。

站在人群之中，辛弃疾在心中默念着自己祭悼朱熹的句子：

"所不朽者，垂万世名。孰谓公死，凛凛犹生！"

山阴草堂访陆游

嘉泰二年（1202 年），对于六十三岁的辛弃疾来说仍是比较难过的一年。这一年他的好友洪迈以八十高龄病逝于家中，一些旧友也相继辞世，他持续陷在"白发多时故人少"的悲伤情绪之中。

也是这一年，党禁之事稍微放松了一些，许多长期闲居的官员陆续被重新起用，一些喜谈恢复的官员纷纷进入他的视野，辛弃疾也是其中之一。

嘉泰三年（1203 年）夏天，辛弃疾被起复任命为绍兴知府兼浙东安抚使。

绍兴得名于南宋建炎四年（1130 年）。当时宋高宗驻跸（bì）越州，取"绍奕（yì）世之宏休，兴百年之丕绪"之意，下诏从建炎五年（1131 年）正月起改年号为绍兴，并升越州为绍兴府，府治设在山阴、会稽两县。

与到了福建立即拜访朱熹一样，到了绍兴的辛弃疾立即前往拜会陆游。

嘉泰三年六月，绍兴山阴，一座破旧的草堂边上，七十九岁的陆游和六十四岁的辛弃疾，两位白发苍苍、精神矍铄的老人终于相见了。他们各自名满天下，又彼此倾慕，却直到今日才有了人生的初次相聚。

听到辛弃疾到访的陆游大步出迎，"稼轩，终于见到你了！'眼光有棱，背胛（jiǎ）有负'，陈同甫真的没说错，你就是我想象中的山东大汉。想不到你我居然能在我的家乡相会！"

"是啊，放翁，想不到我居然能有登门拜访的荣幸！"

他们的双手紧紧握在一起，激动得热泪盈眶。

"我刚从京城回来一个月，你就来了绍兴府。这不就是天意，让我在家里等你吗？我早就听说过你的名字。当年，你从北方归来，那个带五十人深入五万大军之中生擒叛将的年轻人，可是让我佩服得紧啊！"陆游上上下下地打量着辛弃疾，眼中是毫不掩饰的欣喜。

辛弃疾指着自己的头顶说："放翁，您看我的头发，哪里还是年轻人啊！您刚从京城归来，给我讲讲京城形势。"

陆游说："你知道的，我和你一样长期赋闲在家，你是带湖十年、瓢泉八年，我则是山阴十年。去年，韩侂胄找我，让我进京修史，参与修撰两朝实录和三朝史。我虽然年事已高，身体大不如前，但因为他计划北伐的事深得我心，还是抱病前往了。"陆游所说的两朝指的是孝宗朝和光宗朝，三朝就是加上刚刚即位的宋宁宗这一朝。

"我知道，北伐一直是您的心愿。"

"也是你的心愿。"陆游说。

辛弃疾笑了，说："是，是我们共同的心愿。"

陆游拉着辛弃疾进到正厅坐下，叹了口气说："你知道，韩侂胄这人，大家的评价褒贬不一。远的不说，就说朱晦庵的事，他就大错特错。可是，他一说北伐，我就坐不住了。杨诚斋（杨万里，'诚斋'是他的号）不是也在你们江西隐居吗？我们已经好几年没有书信往来了，可是他听说了这事就专门写信给我。他信里先说问候和思念，然后让我不要攀龙附凤、贪图富贵，说北伐不是小事，关乎千家万户，不可不慎。他的诗我还记得：'不应李杜翻鲸海，更羡夔（kuí）龙集凤池。道是樊川轻薄杀，犹将万户比千诗。'

"可是，恢复中原是我一生的梦想，我这辈子所受的打击和排挤，大抵也都是因为这个。人人都知道我一直主张抗金，而且无比坚定。说句托大的话，韩侂胄招揽我恐怕就是看中了我的影响和名望，但他只是拿我当幌（huǎng）子，根本不想让我深度参与北伐的事。这不，史书修成我就回来了。看未来，你们能不能有更好的机会吧！"

辛弃疾安慰他说："略等等，没准就有好机会呢！"

陆游热切地望着辛弃疾说："稼轩，你当年在我心中可是一个不可多得的少年英雄。我协助张浚策划北伐的时候，还向朝廷提议不能重南轻北，放着现成的人才不用，应该重用你们这样的人，我是专门提了你的名字的。"

辛弃疾苦笑道："放翁，您又不是不知道，我们这种从北方归来的人，一直被称为'归正人'。'归正'我不后悔，我当年就一直劝我们大帅耿京早日南归，只是朝廷对我们这些人……唉，一言难尽啊！当然，也不能全怪朝廷，谁让有人'归正'又反叛的，到底是没办法确定哪些人是真的赤胆忠心。"

陆游拍拍他的肩膀道："你我都是真正上过战场的人，铁血豪情都不缺，只是需要等待时机。我当年曾经'匹马戍（shù）梁州'，你更是'壮岁旌旗拥万夫'。"

辛弃疾无奈一笑，"只是如今，您那边是'关河梦断''尘暗旧貂裘'，我这边是'梦回吹角连营''可怜白发生'了。"

陆游说："我懂，这感觉不就是'夜阑卧听风吹雨，铁马冰河入梦来'吗？不说这个。我听说那年朱晦庵的葬礼，你亲自去送了他一程，党禁之下，这可不是一般的勇气。"

辛弃疾道："晦庵待我亦师亦友，不去我不安心啊！我虽与他思想、行事不完全一致，但他的学说绝对不是什么'伪学'，他更不是'逆党'，他那都是真学问，都是为天下计。我也知道，您是因为身体原因去不了。再说了，您人虽没到，祭文不是到了吗？您不也在家中亲设香案，遥相祭拜了吗？"

"朱晦庵是个热诚的人啊！"陆游不由感叹一声。

"放翁，刚刚我自远处看过您这宅子，似乎该翻修了啊！"辛弃疾早已在说话间又将屋中情形扫视了一遍。

"你说我这草堂啊！我一生钦佩杜甫，在蜀中任职时，就曾在杜甫的草堂旧址边上开辟了一块菜园，每日躬耕倒也其乐融融。所以回了山阴，我也效仿老杜，盖了这间草堂。"他举目看了一下四周，"我多年赋闲在家，收入微薄，也就没想着修它。"

"放翁，我虽不是大富之人，这些年经营下来，也薄有资产，钱财上您不必担心。"辛弃疾十分诚恳。

"我自己的事情怎好让你破费！"

"不妨事的，钱财花在朋友身上是我之幸事。金华杜叔高也是您的朋友吧，他想在山中隐居，那地也是我帮他买的。"

陆游道："稼轩这仗义疏财的性子可是一直没变。当年小儿陆子聿（yù）也给你添过麻烦，他引荐穷朋友刘宰去找你，你可是一下就给了五十两金子。不过，稼轩的好意我心领了。如果你有余钱，就花在更该花的地方吧。"

辛弃疾看向陆游问："放翁何意？"

陆游从书堆里翻找出一个卷轴，徐徐展开，是一幅手绘的地图。

"稼轩你看，这里，这里，还有这里，"陆游的手指在地图上左右移动，后抬起头，"我说的是军备，是剑指北方。"

辛弃疾看着陆游的眼睛。那眼睛亮闪闪的，不是泪，是光，是希望。

就像当初在福建时常与朱熹往来一样，在绍兴辛弃疾也与陆游交往频繁，不时会听陆游讲讲他这一生的各种事迹，陆游有时也会问他一些事。

"我听说你邀刘过前来浙东，结果他给你寄了一首词，婉拒了？"刘过，字改之，号龙洲道人，比辛弃疾小十四岁，是志在抗金的南宋文学家。刘过四次应举不中，布衣终身。他和陈亮一样，都是著名的辛派词人。

辛弃疾笑道："是，我带来了，正要给您看呢！"

陆游接过辛弃疾递过来的信笺，只见上面写着：

沁园春

斗酒彘（zhì）肩，风雨渡江，岂不快哉！被香山居士，约林和靖，与坡仙老，驾勒吾回。坡谓"西湖，正如西子，浓抹淡妆临镜台"。二公者，皆掉头不顾，只管衔杯。

白云"天竺（zhú）飞来，图画里、峥嵘楼观开。爱东西双涧，纵横水绕；两峰南北，高下云堆"。逋（bū）日"不然，暗香浮动，争似孤山先探梅。须晴去、访稼轩未晚，且此徘徊"。

陆游不由笑道："他这是迷恋于杭州的湖山胜景，所以不理你呢！"

辛弃疾说："不过此词的确快意恣（zì）肆、妙趣横生。而且他也说了，总会来找我的。"

陆游又问："你为绍兴建了一座秋风亭，亭成所作的那首《汉宫春·会稽秋风亭观雨》可带来了？"

辛弃疾又取出一张折好的文稿，展开，递给陆游。

亭上秋风，记去年袅袅，曾到吾庐。山河举目虽异，风景非殊。功成者去，觉团扇、便与人疏。吹不断，斜阳依旧，茫茫禹迹都无。

千古茂陵词在，甚风流章句，解拟相如。只今木落江冷，眇（miǎo）眇愁余。故人书报，莫因循、忘却莼（chún）鲈。谁念我，新凉灯火，一编太史公书。

"你这词满是怀古之意。从今年到去年，从眼下到西汉，又取楚辞之句……"陆游缓缓地说着，辛弃疾低低地应着。他们经常如此，说说北伐，说说朝堂，又说说诗词。

后来辛弃疾又多次表达过为陆游修缮（shàn）草堂的愿望，直到他收到了陆游的一首《草堂》诗："幸有湖边旧草堂，敢烦地主筑林塘。漉残醅（pēi）瓮葛巾湿，插遍野梅纱帽香。风紧春寒那可敌，身闲书漏不胜长。浩歌陌上君无怪，世谱推原自楚狂。"

这年十二月，辛弃疾奉诏入京，陆游为他写了一首送别诗《送辛幼安殿撰造朝》：

稼轩落笔凌鲍（bào）谢，退避声名称学稼。

十年高卧不出门，参透南宗牧牛话。

功名固是券内事，且葺（qì）园庐了婚嫁。

千篇昌谷诗满囊，万卷邺（yè）侯书插架。

忽然起冠东诸侯，黄旗皂纛（dào）从天下。

圣朝仄（zè）席意未快，尺一东来烦促驾。

大材小用古所叹，管仲萧何实流亚。

天山挂旆或少须，先挽银河洗嵩华。

中原麟凤争自奋，残虏犬羊何足吓。

但令小试出绪余，青史英豪可雄跨。

古来立事戒轻发，往往谗夫出乘罅（xià）。

深仇积愤在逆胡，不用追思灞亭夜。

辛弃疾知道陆游一直对他寄予厚望，也知道他们这样的人能否有所作为，说到底还是要看朝堂的风向。

梦碎北伐

嘉泰四年（1204 年）正月，宋宁宗召见了从绍兴返回京城的辛弃疾。

"蒙陛下有问，臣辛弃疾力主开战。若我朝中上下一心，金必亡！"辛弃疾已经是六十五岁的老人，但他的声音依旧铿锵有力，回荡于大殿之上。

此番对话后，宋宁宗将辛弃疾留在朝中，不久将他派往军事重镇镇江担任知府。

带着皇帝御赐的金腰带来到镇江的辛弃疾意气风发，却也不无悲慨。因为辛弃疾读到了绍兴年间由宰相陈康伯代宋高宗所拟的御驾亲征的诏书。

辛弃疾读后写下了一篇不足五十字的短文《跋绍兴辛巳亲征诏草》："使此诏出于绍兴之初，可以无事雠（chóu）之大耻。使此诏行于隆兴之后，可以卒不世之大功。今此诏与此虏犹俱存也，悲夫。"

"绍兴辛巳"指的是绍兴三十一年，也就是金人内乱、辛弃疾在北方组建义军的那一年。"隆兴"则是宋孝宗的年号。短短的文章饱含对南宋朝廷坐失战机的不满与指责，字字千钧，尽显沉痛之意。

辛弃疾一到镇江就开始调兵遣将。

"派人到金刺探情报，侦察他们兵马的数量、驻扎的地方、将帅的姓名、国库和粮仓的位置等情况。

"我镇江要地一定要习惯水战，务必仔细谋划如何在沿江地带招募兵士，用以应敌。还有，军队要有规模，先制作一万件有红色补缀（zhuì）标记的军装，以备军需。"

想了想辛弃疾又说："也不能只想着打仗，学子的教育不是小事，就把丹徒县罚没的那一百多亩官田拨作学田吧，田中所产就当作办学的经费。"

五月，听到朝廷追封岳飞为鄂王的消息，辛弃疾没有特别开心。他在下值后去了城外东北方向的北固山。

北固山地处长江之滨，因北临长江，形势险固而得名，南朝梁武帝萧衍（yǎn）曾题书"天下第一江山"来赞其形胜。北固山的海拔只有五十几米，但山势临江、山壁陡峭（qiào），风光开阔壮美。辛弃疾心情好和心情不好的时候都喜欢来此坐上一坐。

第二年春天，辛弃疾因为用人不当受到牵连，被降两级俸禄。也恰在此时，他一直期待的刘过来到了镇江。

辛弃疾与刘过一道饮酒赋诗，登北固山，上多景楼。

"这镇江也叫京口，这多景楼也叫北固楼。登一次，看一眼，就能让人想起发生在这里的热血故事。"辛弃疾凭栏而立，清风吹过他花白的鬓发，吹起他宽大的衣袂（mèi）。

刘过来到他的身边，举起酒杯说："我有诗一首，就题这京口多景楼：'壮观东南二百州，景于多处却多愁。江流千古英雄泪，山掩诸公富贵羞。北府只今唯有酒，中原在望莫登楼。西风战舰成何事，只送年年使客舟。'"

"改之，你我此心相同。要我说，这次来了就别走了。你这江湖漂泊何时是个头？就在我这儿做个幕宾如何？"辛弃疾挽留得诚恳。

而刘过拒绝得坚决："今日事是今日喝酒，明日事是明日再说。"

盘桓数日，刘过留下一首《念奴娇·留别辛稼轩》翩（piān）然离去。

知音者少，算乾坤许大，著身何处。直待功成方肯退，何日可寻归路。多景楼前，垂虹亭下，一枕眠秋雨。虚名相误，十年枉费辛苦。

不是奏赋明光，上书北阙，无惊人之语。我自匆忙天未许，赢得衣裾（jū）尘土。白璧追欢，黄金买笑，付与君为主。莼鲈江上，浩然明日归去。

镇江，是历史上著名的英雄建功之地，也是南宋与金人对垒的第二道防线。刘过有的盛衰兴亡之感，辛弃疾也有。

辛弃疾坐在桌边，桌上放着一枚探子带回来的金朝铜钱。

金朝一共发行过三次铜钱，分别是海陵王正隆二年的正隆元宝、金世宗大定十八年（1178 年）的大定通宝和这枚金章宗泰和四年（1204 年）开始铸造的泰和重宝。

泰和重宝。

辛弃疾摩挲着这四个精美典雅形如玉箸（zhù）的篆字，脑海里回响着探子的禀报：“大人，这是金人刚刚发行的货币，说是金朝的大书法家党怀英写的。”

良久，辛弃疾放下铜钱，翻出自己的两首词作细细看了起来。

一首是《南乡子·登京口北固亭有怀》：

何处望神州？满眼风光北固楼。千古兴亡多少事？悠悠。不尽长江滚滚流。

年少万兜鍪，坐断东南战未休。天下英雄谁敌手？曹刘。生子当如孙仲谋。

另一首是《永遇乐·京口北固亭怀古》：

千古江山，英雄无觅，孙仲谋处。舞榭（xiè）歌台，风流总被，雨打风吹去。斜阳草树，寻常巷陌，人道寄奴曾住。想当年，金戈铁马，气吞万里如虎。

元嘉草草，封狼居胥，赢得仓皇北顾。四十三年，望中犹记，烽火扬州路。可堪回首，佛狸（bì lí）祠下，一片神鸦社鼓。凭谁问：廉颇老矣，尚能饭否？

身在镇江，千百年前的那些故事总是浮上辛弃疾的心头。三国时期孙权据此称霸江东，南朝时期宋孝武帝刘裕也曾据此扫荡河洛。辛弃疾又怎能不想借此险地成就打退金人的功业？

开禧二年（1206 年），听到五十三岁的刘过在江苏昆山去世的消息，辛弃疾沉默了许久。

六月，辛弃疾毫无征兆地被改任隆兴知府，但还未到任就以"贪财好色"之名被弹劾。于是辛弃疾被免去隆兴知府职务，第三次被授予武夷山冲佑观提举这一闲职。

秋天，辛弃疾回到了铅山的瓢泉居所。不久后，被弹劾的事情查清，朝廷任命辛弃疾为绍兴知府兼两浙东路安抚使，但辛弃疾没有应诏。

此时，韩侂胄主持的"开禧北伐"正式开始，但由于准备不足和轻敌冒进，宋军在开战之初就多路遇挫。

十二月，朝廷进封辛弃疾为从四品龙图阁待制，命其出任江陵知府并赴京奏事。

开禧三年（1207年）年初，辛弃疾奉旨前往京城，金殿奏对后被改任为兵部侍郎。

兵部侍郎是主持国防事务的重臣。如果这个任命来得更早一些，或者说来得适逢其时，对辛弃疾来说应是一个天大的喜讯。可是开禧三年，和议之风又起，战事将歇，实在不是一个好时机。辛弃疾两次上书请辞才获得准许。

朝中之事暂时有了定论，辛弃疾也返回了铅山期思村的瓢泉家中。

八月，辛弃疾病倒了。

也许是因为连年的奔波，也许是因为北伐失利带来的打击，这场病来势汹汹。

此时朝廷又下诏封他为枢密都承旨，并命他速速进京。枢密都承旨是负责传达皇帝旨意、参与管理枢密院日常事务、监察考评官吏的官员，在宋代是比较重要的中级官员。

辛弃疾没有领命，并且正式向宋宁宗上书请求致仕。

辛弃疾的身体一天比一天差。一天，他强撑病体坐到书案前，写下了绝笔词作《洞仙歌·丁卯八月病中作》：

贤愚相去，算其间能几。差以毫厘缪千里。细思量义利，舜跖（zhí）之分，孳（zī）孳者，等是鸡鸣而起。

味甘终易坏，岁晚还知，君子之交淡如水。一饷聚飞蚊，其响如雷，深自觉、昨非今是。美安乐窝中泰和汤，更剧饮，无过半醺（xūn）而已。

九月初十，重阳节的烟火还未散去，病卧数日、神志昏迷的辛弃疾突然奋起挥舞手臂，用尽力气连声高呼："杀贼！杀贼！"

随着手臂的垂落，一个铁血丹心的英雄、一个慷慨豪放的词人，在六十八岁这一年，与世长辞。

辛弃疾先后娶妻赵氏、范氏、林氏，生有九子二女，家族繁盛。

辛弃疾去世后，名士项安世有诗云："待制功名千古杰，贤良文字万夫豪。"

去世一年后的嘉定元年（1208 年），辛弃疾受到仕宦生涯中的第七次弹劾，言官甚至要求皇帝追削辛弃疾的官职爵位和死后享有的朝臣礼遇。辛弃疾第五子辛穰（ráng）写文章替父亲作了辩白。

辛弃疾去世同年，礼部侍郎史弥远联合朝中主和派设计诛杀了韩侂胄，并派使臣将韩侂胄的首级送往金朝。宋金在第二年签署"嘉定和议"。

辛弃疾去世二十三年后的绍定三年（1230年），铅山县宰章谦亨建西湖群贤堂祭祀铅山乡贤十六人，辛弃疾位列其中。

辛弃疾去世二十六年后的绍定六年（1233年），宋理宗追赠辛弃疾为从一品文散官光禄大夫。

辛弃疾去世六十八年后的德祐元年（1275年），经史馆校勘谢枋得上书，宋恭帝赵㬎（xiǎn）追赠辛弃疾为少师，并赐谥号"忠敏"。值得一提的是，谢枋得深受辛弃疾抗金思想的感召，在元人南下时先是起兵抗元，后是誓不降元，为宋朝绝食尽节。

辛弃疾曾说："了却君王天下事，赢得生前身后名。"

君王天下事未了，辛弃疾却以崇高的气节和豪壮的笔力为自己赢得了实实在在的生前身后名。

词人辛弃疾为我们留下了六百余首词作，也留下了一位属于那个时代的悲情英雄。

在文学史上，他被称为"词中之龙"，与苏轼并称"苏辛"，与李清照合称"济南二安"。他的词作风格被称为"稼轩体"，与他词风相似的词人被称为"辛派词人"。

辛弃疾死后葬于铅山县南十五里的阳原山中。"青山有幸埋忠骨"，这阳原山何其有幸！

阳原山中的辛弃疾墓至今保存完好，现存墓碑立于清代乾隆年间，立碑人为辛弃疾次子辛秬（jù）的后裔。

今天的辛弃疾墓前还有郭沫若先生题写的挽联："铁板铜琶，继东坡高唱大江东去；美芹悲黍，冀南宋莫随鸿雁南飞。"

辛弃疾的一生从北到南，梦在军旅，志在恢复，却从未能真正踏上北伐的战场。

长路长风长枪，宝弓宝剑宝马，还有那风中的红衫、红旗与红颜，一切似乎都停止在他二十三岁渡江南归的那一刻。

他的梦想、他的志愿，从此都只能融注于他一次又一次的登临远眺，一次又一次的栏杆拍遍。

指画山河，墨染悲慨，只可惜无人会、登临意。

莽莽关塞外，漫天征尘中，烈马长嘶中蓦然回首的稼轩居士，愿你终能如后人一般笑看山河。

读故事 学知识

克己复礼

指约束自我，使言行合乎礼节。

出自《论语·颜渊》："颜渊问仁。子曰：'克己复礼为仁。一日克己复礼，天下归仁焉。为仁由己，而由人乎哉?'"意思是，颜渊向孔子请教关于仁的问题。孔子说："克制自己的私欲，使言行举止都合乎礼节，这就是仁。一旦人人都这样做了，那么天下自然会归于仁德！实践仁德，完全取决于自己，难道还能取决于别人吗?"

生子当如孙仲谋

出自西晋陈寿的《三国志·吴书·吴主传》，南朝宋裴松之注引《吴历》："（孙）权数挑战，公（曹操）坚守不出。权乃自来，乘轻船，从濡须口入公军。诸将皆以为是挑战者，欲击之。公曰：'此必孙权欲身见吾军部伍也。'敕军中皆精严，弓弩不得妄发。权行五六里，回还作鼓吹。
公见舟船器仗军伍整肃，喟然叹曰：'生子当如
孙仲谋，刘景升儿子若豚犬耳！'"讲的是，东汉
末年，曹操出兵江东，孙权亲自率军向曹军挑战，
但曹操坚守不出。于是孙权乘上轻舟，带人从濡
须口进入曹军营地。曹军想要出兵攻击，曹操制
止道："这一定是孙权想要看看我们的阵容和军
纪。"于是，他命令全军严阵以待，不要放箭。孙
权的船队行进了五六里，就返回了，还奏起了军
乐。曹操看到孙权的军队纪律严明，阵容整肃，
不禁感叹道："生子当如孙仲谋，刘景升儿子若豚
犬耳。"意思是，生儿子就应该生像孙权这样的英
才，而刘表的儿子则不成气候。后来，"生子当如
孙仲谋"成为对个人才能的评价和赞美之语。